Ein kurzweilig Lesen
von
Till Eulenspiegel
geboren aus dem Lande
zu Braunschweig
wie er sein Leben vollbracht hat

Sämtliche Geschichten
nach den ältesten Drucken erzählt
und einem geneigten Publikum zu
sonderbarem Nutzen unterbreitet
von Gerhard Steiner

In Eulenspiegels eigenem Verlag
erschienen zu Berlin

Illustrationen von Werner Klemke

 **Wie Till Eulenspiegel geboren und dreimal an einem Tage getauft ward, und wer seine Taufpaten waren.**

Bei dem Elm im Lande Sachsen, im Dorf Kneitlingen*, ward Eulenspiegel geboren. Sein Vater hieß Klaus Eulenspiegel und seine Mutter Anna Wibeke. Und als sie des Kindes genesen war, trugen sie es in das Dorf Ampleben zur Taufe und nannten es Till Eulenspiegel. Denn Till von Ützen, der Burgherr von Ampleben, war sein Taufpate. Ampleben ist das Schloß, das die Magdeburger etwa vor fünfzig Jahren mit Hilfe der anderen Städte als ein arg bös Raubschloß zerbrachen. Die Kirche und das Dorf dabei hatte der würdige Arnolf Pfaffenmeier*, Abt zu St. Ägidien, in Besitz.

Als nun Eulenspiegel getauft war und sie das Kind wieder gen Kneitlingen brachten, da wollte die Hebamme, die das Kind trug, eilig über einen Steg gehen, der zwischen Kneitlingen und Ampleben war. Und sie hatten zuviel Bier getrunken nach der Kindtaufe; denn man ist dort gewohnt, die Kinder nach der Taufe in das Wirtshaus zu tragen, fröhlich zu sein und auf das Wohl des Kindes zu trinken; das muß dann des Kindes Vater bezahlen. Also fiel die Hebamme von dem Steg in die Lache und besudelte sich und das Kind so jämmerlich, daß das Kind schier erstickt wäre vor Unsauberkeit. Da halfen die anderen Frauen der Bademuhme samt dem Kinde wieder heraus. Und sie gingen heim in ihr Dorf und wuschen das Kind in einem Kessel und machten es wieder sauber und schön.

So ward Eulenspiegel an einem Tage dreimal getauft: einmal im Taufbecken, einmal in der Lache und einmal im Kessel mit warmem Wasser.

 **Wie Eulenspiegel einem reisigen Manne Antwort gab, der nach dem Wege fragte.**

Als Eulenspiegel noch ein Kind war, waren einmal seine Eltern weggegangen und hatten ihn allein zu Haus gelassen. Da kam ein Mann an das Haus geritten und wollte nach dem Weg fragen, und da er niemand darinnen sah, so rief er: »Ist da niemand im Haus?« Da sagte das Kind Eulenspiegel: »Doch, anderthalb Mann und ein Pferdekopf. Denn du bist mit dem halben Leibe und dem Pferdekopf hier drin, und ich bin ein ganzer Mann.«

Da fragte der Mann: »Wo sind dein Vater und deine Mutter?« Das Kind sagte: »Mein Vater ist beschäftigt, Böses böser zu machen, und meine Mutter ist aus, um Schaden oder Schande zu bringen.« Der Mann sagte: »Wie das?« Das Kind antwortete: »Mein Vater macht einen schlechten Weg noch schlechter, denn er macht Gräben auf dem besäten Land, daß man darauf nicht fahren möge. Und die Mutter ist Brot borgen gegangen. Gibt sie weniger wieder, ist es eine Schande, gibt sie mehr wieder, ist es ein Schaden.«

Da fragte der Mann: »Wo reite ich recht?« Das Kind sagte: »Wo die Gänse gehen.« Als der Mann geritten kam, flogen die Gänse ins Wasser. Da zweifelte der Mann und ritt zurück und sagte. »Die Gänse schwimmen im Wasser, so weiß ich nicht, wohin ich reiten soll.« Das Kind sagte: »Ihr sollt reiten, wo die Gänse gehen, und nicht, wo sie schwimmen!« Da ritt der Mann hinweg und wunderte sich sehr über die Antworten des Kindes.

 **Wie alle Bauern und Bäuerinnen über den jungen Eulenspiegel klagten und sprachen, er wäre ein Bube* und Lecker*, und wie er auf einem Pferd hinter seinem Vater ritt und stillschweigend die Leute hinten den Arsch sehen ließ.**

Als nun Eulenspiegel so alt ward, daß er stehen und gehen konnte, da machte er viel Spiels mit den jungen Kindern. Denn er war heiteren Sinnes. Wie ein Affe tummelte er sich auf den Kissen und im Gras, so lange, bis er drei Jahre alt ward. Dann befleißigte er sich aller Schalkheit so sehr, daß alle Nachbarn insgemein sich beim Vater beklagten, sein Sohn Till wäre ein Schalk. Da nahm der Vater sich den Sohn vor und sprach zu ihm: »Wie geht doch das immer zu, daß alle unsere Nachbarn sagen, die wärst ein Schalk?« Eulenspiegel sprach: »Lieber Vater, ich tu doch niemand etwas, das will ich dir offensichtlich beweisen. Geh hin, setz dich auf dein Pferd, so will ich hinter dir sitzen und stillschweigend mit dir durch die Gassen reiten, und doch werden sie über mich lügen und sagen, was sie wollen. Gib darauf acht!«
Also tat der Vater und nahm ihn hinter sich auf das Pferd. Nun lupfte sich Eulenspiegel hinten auf mit seinem Loch und ließ die Leute in den Arsch sehen und setzte sich dann wieder nieder. Da zeigten die Nachbarn und Nachbarinnen auf ihn und sprachen: »Pfui auf dich, was für Possen sind das!« Eulenspiegel aber sagte: »Höre, Vater, du siehst wohl, daß ich stillschweige und keinem etwas tue, und doch sagen die Leute, ich wär ein Schalk.« Da tat der Vater dies: Er setzte Eulenspiegel, seinen lieben Sohn, vor sich auf das Pferd. Eulenspiegel saß still, sperrte aber das Maul auf, schnitt den Bauern Grimassen und streckte die Zunge heraus. Die Leute liefen hinzu und riefen: »Seht an, welch ein junger

Schalk ist das!« Da sprach der Vater: »Du bist halt in einer unglücklichen Stunde geboren. Du sitzt still und schweigst und tust niemand etwas, und doch sagen die Leute, du seist ein Schalk.«

 Wie Klaus Eulenspiegel von Kneitlingen wegzog an das Wasser der Saale, woher Tills Mutter gebürtig war, dort starb, und wie sein Sohn auf dem Seil gehen lernte.

Nun zog sein Vater mit ihm von dannen und zog mit seinem ganzen Hauswesen in das Magdeburgische Land an das Wasser der Saale. Von dorther stammte Eulenspiegels Mutter. Bald darnach starb der alte Klaus Eulenspiegel.

Die Mutter blieb bei dem Sohn, und sie verzehrten beide, was sie hatten. Also ward die Mutter arm, und Eulenspiegel wollte kein Handwerk lernen und war dabei sechzehn Jahre alt. Er tummelte sich und lernte mancherlei Gaukelei.

Eulenspiegels Mutter wohnte in einem Haus, dessen Hof an die Saale ging. Und Eulenspiegel begann, auf dem Seile zu gehen. Das trieb er zuerst heimlich auf dem Boden des Hauses, weil er es vor der Mutter nicht tun wollte; denn sie konnte die Torheit von ihm nicht leiden, daß er sich so auf dem Seil tummelte, und drohte, ihn deswegen zu verhauen. Einstmals erwischte sie ihn auf dem Seil und nahm einen großen Knüppel und wollte ihn herunterschlagen. Da entrann er ihr zu einem Fenster hinaus und lief auf das Dach, um dort oben zu sitzen, so daß sie ihn nicht erreichen konnte.

Das hielt bei ihm so lange vor, bis er ein wenig älter ward. Dann fing er wieder an, sich auf dem Seil zu tummeln, und zog das Seil oben von seiner Mutter Hinterhaus über die Saale in ein Haus gegenüber. Viel alte und junge Leute wurden des Seiles inne, darauf Eulenspiegel sich tummeln wollte, und kamen zusammen hin, um ihn darauf gehen zu sehen, und sie wunderten sich sehr, was er doch für ein seltsam Spiel spielen oder was er Wunderliches treiben wollte. Und als nun Eulenspiegel auf dem Seil saß und im besten Tummeln war, wurde seine Mutter es inne und konnte ihm nicht viel darum tun. Doch schlich sie heimlich hinten in das Haus auf den Boden, wo das Seil festgebunden war, und schnitt es entzwei. Da fiel Eulenspiegel, ihr Sohn, ins Wasser unter großem Gespött und badete redlich in der Saale.

Da lachten die Bauern gar sehr, und die Jungen riefen ihm laut nach: »Hehe, bade nur wohl aus! Dich hat lange nach dem Bade gelüstet!« Das verdroß Eulenspiegel arg, und er achtete des Bades nicht so sehr als des Spottes und Rufens der jungen Buben und überlegte, wie er ihnen das vergelten und heimzahlen wollte. Also badete er aus, so gut er es vermochte.

 **Wie Eulenspiegel den Jungen mehr denn hundert Schuhe von den Füßen schwatzte und machte, daß sich alt und jung darum bei den Haaren raufte.**

Kurze Zeit darnach wollte Eulenspiegel den Schaden und Spott des Bades rächen und zog das Seil aus einem anderen Hause über die Saale und machte den Leuten Hoffnung, daß er abermals auf dem Seile gehen wollte. Das Volk sammelte sich sogleich, jung und alt. Und Eulenspiegel sprach zu den Jungen, ein jeglicher solle ihm seinen linken Schuh geben, er wolle ihnen mit den Schuhen ein hübsches Stück auf dem Seile zeigen. Die Jungen glaubten das, und auch die Alten meinten, es wäre alles wahr. Und die Jungen huben an, die Schuhe auszuziehen, und gaben sie Eulenspiegel. Und es waren an Jungen beinahe zwei Schock, das sind zweimal sechzig. Die Hälfte aller Schuhe wurde ihm gereicht; die zog er auf eine Schnur und stieg damit auf das Seil. Als er nun auf dem Seil war und die Schuhe mit sich oben hatte, da sahen die Alten und die Jungen zu ihm auf. Denn sie meinten, er wollte ihnen ein lustig

Ding damit vormachen. Gar viele der Jungen aber waren betrübt, weil sie ihre Schuhe gern wiedergehabt hätten.
Als nun Eulenspiegel auf dem Seile saß und seine Gaukelei machte, da rief er: »Gib jeder acht und suche seinen Schuh wieder!« Damit schnitt er die Schnur entzwei und warf die Schuhe alle von dem Seil auf die Erde, daß ein Schuh über den andern purzelte. Da sprangen die Jungen und Alten herzu, und einer erwischte hier einen Schuh, der andere dort. Der eine sprach: »Dieser Schuh ist mein!« Der andere sprach: »Du lügst, er ist mein!« Und sie fielen einander in die Haare und begannen einander zu schlagen. Der eine lag unten, der andere oben; der eine schrie, der andere weinte, der dritte lachte. Das währte so lange, bis die Alten auch Backenstreiche austeilten und sich bei den Haaren zogen. Eulenspiegel aber saß auf dem Seil, lachte und rief: »Hehe, sucht nun die Schuhe, wie ich's gestern habe ausbaden müssen!« Und er lief von dem Seil und ließ jung und alt sich wegen der Schuhe zanken.
Doch durfte er sich vier Wochen vor den Jungen oder Alten nicht sehen lassen, und er saß im Hause bei seiner Mutter und flickte Helmstedter Schuhe. Da ward seine Mutter ganz erfreut und meinte, es würde noch gut mit ihm werden. Denn sie kannte nicht die Geschichte und wußte nicht, daß er wegen seines Schalkstreichs nicht vor das Haus kommen durfte.

 **Wie Till Eulenspiegels Mutter ihn ermahnte, daß er ein Handwerk lernen sollte, sie wollte ihm dazu verhelfen.**

Eulenspiegels Mutter war froh, daß ihr Sohn so still war, schalt ihn jedoch, daß er kein Handwerk lernen wollte. Er jedoch schwieg still, und die Mutter ließ nicht nach, ihn zu schelten. Schließlich sprach Eulenspiegel: »Liebe Mutter, wozu sich einer begibt, des wird ihm sein Lebtag genug.« Da sagte die Mutter: »Es will mich wohl bedünken, ich hab vier Tage kein Brot in meinem Haus gehabt.« Eulenspiegel sprach: »Das paßt auf meine Rede nicht. Aber ein armer Mann, der nichts zu essen hat, der fastet wohl zu St. Niklaus, und wenn er etwas hat, so ißt er mit St. Marin zu Abend*. Also essen wir auch.«

 **Wie Eulenspiegel einen Brotbäcker in der Stadt Staßfurt um einen Sack voll Brot betrog und das seiner Mutter heimbrachte.**

Lieber Gott, hilf, dachte Eulenspiegel, wie will ich die Mutter stillen? Wo soll ich Brot herbekommen für sie? Und er ging von dem Flecken, in dem seine Mutter wohnte, gen Staßfurt in die Stadt und fand dort eines reichen Brotbäckers Laden und ging zu ihm ins Haus und sprach, ob er seinem Herrn wohl für zehn Groschen Roggen- und Weißbrot senden wolle. Er nannte den Herrn von irgendeiner Gegend und sagte ferner, sein Herr sei hier zu Staßfurt in der Stadt, und er nannte auch seine Herberge, in der dieser wäre. Und der Bäcker sollte einen Knaben mit ihm schicken zu seinem Herrn in die Herberge, dort würde er ihm das Geld geben. Der Bäcker sagte: »Ja.« Nun hatte Eulenspiegel einen großen Sack mit einem verborgenen Loch und ließ sich die Brote in den Sack zählen, und der Bäcker sandte einen Jungen mit Eulenspiegel, das Geld zu empfangen.

Als nun Eulenspiegel einen Armbrustschuß weit von des Bäckers Haus war, ließ er ein Weißbrot aus dem Loch in den Kot fallen. Da setzte Eulenspiegel den Sack nieder und sprach zu dem Jungen: »Ach, das besudelte Brot darf ich meinem Herrn nicht bringen! Lauf rasch damit nach Haus und hole mir ein ander Brot dafür! Ich will hier auf dich warten.«

Der Junge lief hin, ein ander Brot zu holen; dieweil ging Eulenspiegel fort in ein Haus der Vorstadt. Dort stand ein Karren aus seinem Flecken, dem lud Eulenspiegel seinen Sack auf, und er schritt neben dem Karren her, und so ward der Sack heim in seiner Mutter Haus geführt. Und als der Bäckerjunge mit dem Brot wiederkam, war Eulenspiegel hinweg mit den Broten. Da rannte der Junge zurück und sagte das dem Bäcker. Der

Bäcker lief sogleich in die Herberge, die ihm Eulenspiegel genannt hatte. Dort fand er niemand, sondern er sah, daß er betrogen war. Eulenspiegel kam nach Haus, brachte der Mutter das Brot und sagte: »Iß, dieweil du etwas hast, und faste mit St. Niklaus, wenn du nichts hast!«

 **Wie Eulenspiegel das Weck- oder Semmelbrot mit anderen Jungen aß, und wie er es mit Macht essen mußte und dazu geschlagen ward.**

Nun herrschte in dem Flecken, in dem Eulenspiegel mit seiner Mutter wohnte, die Sitte, daß zu dem Hauswirt, der ein Schwein schlachtete, die Nachbarskinder ins Haus gingen und Suppe oder Brei aßen. Das nannte man das Weckbrot. Nun wohnte ein Meier in dem gleichen Flecken, der war geizig mit der Kost und durfte doch den Kindern das Weckbrot nicht versagen. Da erdachte er eine List, sie des Weckbrotes überdrüssig zu machen, und schnitt ihnen eine Milchschüssel voll harte Brotrinden. Als nun die Kinder kamen, Knaben und Mägdelein, darunter auch Eulenspiegel, da ließ er sie ein und schloß die Tür zu und begoß dann das Brot mit der Suppe; aber der Brocken waren weit mehr, als die Kinder essen konnten. Wenn nun eins satt war und hinweggehen wollte, so kam der Hauswirt und hatte ein Rute und schlug sie um die Lenden, daß ein jeder im Übermaß essen mußte. Der Hauswirt wußte aber wohl von Eulenspiegels Schalkheit, so daß er auf ihn achtgab. Und wenn er einem andern um die Lenden schlug, suchte er Eulenspiegel noch mehr zu treffen. Das trieb er so lange, bis die Kinder die Brocken des Weckbrots alle aufgegessen hatten. Das bekam ihnen so wohl wie dem Hund das Gras*. Hierauf mochte keiner mehr in des geizigen Mannes Haus gehen, das Weckbrot oder die Metzelsuppe zu essen.

 Wie Eulenspiegel bewirkte, daß des geizigen Bauern Hühner sich um das Luder* zogen.

Am andern Tage, als der Mann ausging, begegnete er Eulenspiegel und fragte: »Lieber Eulenspiegel, wann willst du wieder zum Weckbrot zu mir kommen?« Da sagte Eulenspiegel: »Wenn sich deine Hühner um das Luder ziehen, je vier um einen Bissen Brot.« Da sprach jener: »Ja, dann willst du spät zu meinem Weckbrot kommen.« Eulenspiegel sprach: »Wenn ich aber eher käme, als der feisten Suppe Zeit wäre?« Damit ging er seines Weges. Und Eulenspiegel wartete ab, bis es an der Zeit war, daß des Mannes Hühner auf der Gasse Futter suchten. Da hatte Eulenspiegel etwa zwanzig Fäden und mehr je zwei in der Mitte zusammengeknüpft. Er band an jedwedes Ende des Fadens einen Bissen Brot und nahm die Fäden und legte sie verdeckt hin, so daß die Brotstücke hervorlugten. Als nun die Hühner hier und dort danach pickten und die Brotbissen mit dem Ende der Fäden in die Hälse schluckten, konnten sie doch keins verschlingen, denn an dem andern Ende zog ein ander Huhn, so daß je eins das andere hin und her zog und das Brot weder herunterschlucken noch wieder aus dem Halse bringen konnte, wegen der Größe der Brotstücke. Und so standen mehr denn zweihundert Hühner einander gegenüber und würgten und zerrten an dem Luder.

 **Wie Eulenspiegel in einen Bienenkorb kroch und in der Nacht zwei kamen und den Bienenkorb stehlen wollten und er es machte, daß die beiden sich rauften und den Bienenkorb fallen ließen.**

Einmal begab es sich, daß Eulenspiegel mit seiner Mutter in ein Dorf zur Kirchweih ging. Eulenspiegel trank, bis er trunken ward. Da suchte er sich einen Winkel, wo er fröhlich schlafen könnte und ihm niemand was täte. Und er fand hinten im Hofe einen Haufen Bienenkörbe, und dabei lagen viele, die leer waren. Da kroch er in einen leeren Korb, der am nächsten bei den Bienen lag, und gedachte ein wenig zu schlafen. Und er schlief von Mittag an, bis es schier Mitternacht ward. Seine Mutter meinte, er wäre wieder heimgegangen, da sie ihn nirgends sehen konnte.

In derselben Nacht kamen zwei Diebe und wollten einen Bienenstock stehlen. Und es sprach der eine zum andern: »Ich hab allweg gehört, welcher der schwerste Immenstock ist, der ist auch der beste.« Also hoben sie die Körbe und Stöcke auf, einen nach dem andern. Und da sie an den Korb kamen, darinnen Eulenspiegel lag, war das der schwerste. Da sprachen sie: »Das ist der beste« und nahmen ihn auf ihre Schultern und trugen ihn von dannen.

Indessen erwachte Eulenspiegel und hörte ihre Anschläge. Und es war ganz finster, daß einer den andern kaum sehen konnte. Da griff Eulenspiegel aus dem Korbe und faßte den Vordersten bei den Haaren und gab ihm einen guten Rupf. Der ward zornig auf den Hintersten und meinte, der hätte ihn so bei den Haaren gezogen, und er fluchte ihm. Der Hinterste sprach: »Träumst du, oder gehst du im Schlaf?« Wie sollt ich dich bei den Haaren rupfen? Ich kann doch kaum den Immenstock in meinen Händen halten!« Eulenspiegel lachte und dachte: Das Spiel wird gut werden! Und er wartete, bis sie eine Ackerlänge weiter waren. Da gab er dem Hintersten auch einen guten Rupf bei den Haaren, daß er sich krümmte. Der ward da noch zorniger und sprach: »Ich gehe und trage, daß mir der Hals kracht, und du sprichst, ich zöge dich beim Haar, und dabei ziehst du mich beim Haar, daß mir die Schwarte kracht!« Der Vorderste aber sprach: »Das lügst du deinen Hals voll! Wie sollt ich dich beim Haar ziehen? Ich kann doch kaum den Weg vor mir sehen! Auch weiß ich das fürwahr, daß du mich beim Haar gezogen hast!« So gingen sie zankend mit dem Bienenstock weiter und keiften miteinander.

Nicht lange darnach, da sie noch im größten Zanken waren, zog Eulenspiegel den Vordersten noch einmal, daß ihm der Kopf an den Korb anprallte. Da ward der so zornig, daß er den Immenstock fallen ließ und den Hintersten im Finstern mit den Fäusten nach dem Kopfe schlug. Der Hinterste ließ den Bienenstock auch los und fiel dem Vordersten in die Haare, so daß sie übereinanderpurzelten und einer den andern verlor und der eine nicht wußte, wo der andere blieb. Und sie verloren sich zuletzt in der Finsternis und ließen den Bienenstock liegen.

Nun lugte Eulenspiegel aus dem Korbe, und da er sah, daß es noch finster war, schlüpfte er wieder hinein und blieb darin liegen, bis es heller Tag ward. Dann kroch er aus dem Immenstock, und er wußte nicht, wo er war.

Wie Eulenspiegel ein Hofjunge ward und ihn sein Junker lehrte, so oft er das Kraut »Henff« fände, so sollte er hineinscheißen; da schiß er in den Senf und meinte, Henff und Senf wäre ein Ding.

Bald darnach kam Eulenspiegel auf eine Burg zu einem Junker und verdingte sich als einen Hofjungen. So mußte er gleich mit seinem Junker über Land reiten. An dem Weg stand Hanf, das nennt man im Lande Sachsen, wo Eulenspiegel herstammte, Henff. Da sprach der Junker, als ihm Eulenspiegel den Spieß nachtrug: »Siehst du das Kraut, das hier steht? Das heißt Henff.« Eulenspiegel sprach: »Ja, das seh ich wohl.« Da sprach der Junker: »So oft du daran kommst, so scheiß darein einen großen Haufen, denn mit dem Kraut bindet und henkt man die Räuber und die sich ohne Herrendienst aus dem Sattel ernähren, nämlich mit dem Bast, der von dem Kraut gesponnen wird.« Eulenspiegel sagte: »Ja, das ist wohl zu tun.«

Der Hofmann oder Junker ritt mit Eulenspiegel hin und her in viele Städte und half rauben, stehlen und nehmen, wie seine Gewohnheit war.

Nun begab es sich eines Tages, daß sie zu Hause waren und still lagen. Und als man essen wollte, ging Eulenspiegel in die Küche, da sprach der Koch zu ihm: »Junge, geh hinab in den Keller, da steht ein irdener Topf oder Hafen, darin ist Senf, den bring mir her!« Eulenspiegel sprach: »Ja« und hatte doch sein Lebtag noch keinen Senf gesehen. Und als er in dem Keller den Hafen mit dem Senf fand, dachte er bei sich selber: Was mag der Koch damit tun wollen? Ich meine, er will mich damit binden. Er dachte weiter: Mein Junker hat mich geheißen, wo ich solch Kraut fände, da sollt ich dareinscheißen. Und er hockte sich über den Hafen mit dem Senf und schiß ihn voll, rührte das wohl um und brachte es dem Koch.

Was geschah? Der Koch machte sich keine weiteren Gedanken, richtete eilends in einem Schüßlein den Senf an und schickte es zu Tische. Der Junker und sein Gäste tunkten in den Senf: da schmeckte es ganz übel. Der Koch ward geholt und angesprochen, was er für Senf gemacht hätte. Der Koch kostete auch den Senf und spie aus und sprach: »Der Senf schmeckt, als wär darein geschissen.« Eulenspiegel fing zu lachen an. Da sprach sein Junker: »Was lachst du so schändlich? Meinst du, wir könnten nicht schmecken, was das sei? Willst du es nicht glauben, so komm und schmeck den Senf auch!« Eulenspiegel sprach: »Ich esse das nicht. Wißt Ihr nicht, was Ihr mich geheißen habt in dem Feld an der Straße? Wo ich das Kraut sähe, da sollt ich dareinscheißen. Man pflege die Räuber damit zu henken und zu würgen. Also, da mich der Koch in den Keller nach dem Senf schickte, hab ich darein getan nach Euerm Geheiß.« Da sprach der Junker: »Du arger Schalk, das soll dein Unglück sein! Das Kraut, das ich dir zeigte, das heißt Henff oder Hanf, und das dich der Koch bringen ließ, das heißt Senf. Das hast du getan aus großer Schalkheit.« Und er nahm einen Knüttel und wollte ihn schlagen. Da war Eulenspiegel behend und entlief ihm von der Burg und kam nicht wieder.

12 Wie Eulenspiegel sich zu einem Pfarrer verdingte und ihm die gebratenen Hühner vom Spieß aß.

In dem Lande Braunschweig liegt ein Dorf im Stift Magdeburg, geheissen Büddenstedt. Dort kam Eulenspiegel in des Pfaffen Haus, und der Pfaff dingte ihn als Knecht. Er kannte ihn aber nicht und sprach zu ihm, er sollte gute Tage und guten Dienst bei ihm haben und sollt essen und trinken das beste, so gut wie seine Köchin, und alles, was er tun müßte, könne er mit halber Arbeit tun. Eulenspiegel sprach »Ja« dazu: er wollt sich wohl danach richten. Er sah wohl, daß des Pfaffen Köchin nur ein Auge hatte. Und die Köchin nahm gleich zwei Hühner und steckte sie an den Spieß zum Braten und hieß Eulenspiegel, sich am Herde niederzusetzen und sie umzuwenden. Eulenspiegel war bereit und wendete die zwei Hühner beim Feuer um.

Da sie nun schier gebraten waren, dachte er: Der Pfaff sprach doch, da er mich dingte, ich sollt essen und trinken so gut als er und seine Köchin. Daran möchte es bei diesen Hühnern fehlen. So würden des Pfaffen Worte nicht wahr, und ich äße auch von diesen Hühnern nicht. Ich will so klug sein, daß seine Worte wahr bleiben. Da brach er das eine Huhn vom Spieß und aß es ohne Brot. Als es nun Essenszeit werden wollte, da kam des Pfaffen einäugige Köchin zum Feuer und wollte die Hühner beträufen. So sah sie, daß nur ein Huhn am Spieße stak. Da sagte sie zu Eulenspiegel: »Der Hühner waren doch zwei! Wo ist das andere hingekommen?« Eulenspiegel sprach: »Frau, tut Euer ander Auge auch auf, so werdet Ihr das andere Huhn schon sehen!« Und da er so der Köchin das eine Auge verwies, da ward sie gar erbost und zürnte Eulenspiegel und lief zu dem Pfaffen und sprach zu ihm, wie sein feiner Knecht sie verspottet hätte mit ihrem einen Auge. Und sie hätte zwei Hühner an den Spieß gesteckt, und wenn sie zusähe, wie er briete, so fände sie nicht mehr als ein Huhn.

Der Pfaff ging in die Küche zum Feuer und sprach zu Eulenspiegel: »Was hast du meine Magd zu verspotten? Ich sehe wohl, daß nur ein Huhn am Spieße steckt, und sind doch ihrer zweie gewesen.« – »Ja«, sagte Eulenspiegel, »es sind ihrer wohl zweie gewesen.« Der Pfaff sprach: »Wo ist denn das andere geblieben?« Eulenspiegel sprach: »Es steckt doch da! Tut Eure beiden Augen auf, so seht Ihr das andere, das am Spieße steckt! Das sagte ich auch Eurer Köchin; da ward sie zornig.« Da lachte der Pfaff und sprach: »Das kann meine Magd nicht, daß sie beide Augen auftut, sie hat nur eines.« Da sprach Eulenspiegel: »Herr, das sagt Ihr, ich sag es nicht.« Der Pfaff sprach: »Das ist nun einmal geschehen und bleibt dabei; aber das eine Huhn ist weg.« Eulenspiegel sprach: »Ja, das eine ist weg, und das andere steckt noch. Das eine hab ich gegessen, wie Ihr denn gesprochen habt, ich sollt so gut essen und trinken als Ihr und Eure Magd. Mir wär's leid gewesen, wenn Ihr solltet gelogen und die beiden Hühner miteinander gegessen haben und mir nichts davon geworden wäre. Damit Ihr nun nicht an Euern Worten zum Lügner würdet, aß ich das eine Huhn auf.« Da war der Pfaff damit zufrieden und sprach: »Mein lieber Knecht, es kommt mir auf einen Braten nicht an; aber tu fürderhin nach dem Willen meiner Köchin, so wie sie es gerne sieht!« Eulenspiegel sprach: »Ja, lieber Herr, was Ihr mich heißt!« Was von nun an die Köchin Eulenspiegel zu tun hieß, das tat er zur Hälfte. Und wenn er einen Eimer Wasser holen sollte, so brachte er ihn halb voll, und wenn er zwei Scheit Holz holen sollte, so brachte er ein Scheit. Sollt er dem Stier zwei Gebund Heu geben, so gab er ihm ein Gebund; sollt er aus dem Wirtshaus ein Maß Wein bringen, so bracht er nur ein halb Maß. Und dergleichen tat er in vielen Stücken, so daß sie wohl merkte, daß er ihr das zum Verdruß täte. Sie wollt ihm aber nichts sagen und verklagte ihn bei dem Pfaffen. Da sprach der Pfaff zu Eulenspiegel: »Lieber Knecht, meine Magd klagt über dich, und ich bat dich doch, daß du alles tun solltest, was sie gern sähe.« Eulenspiegel sprach: »Ja, Herr, ich hab auch nicht anders getan, als Ihr mich geheissen habt. Ihr sagtet mir, ich könnte Eure Sach mit halber Arbeit tun. Eure Magd sähe gerne mit beiden Augen und sieht doch nur mit einem Auge. So sieht sie nur halb, also tat ich halbe Arbeit.« Der Pfaff fing an zu lachen, aber die Köchin ward zornig und sprach: »Herr, wenn Ihr den leckerischen Schalk länger als Knecht behalten wollt, so geh ich aus dem Hause!« Also mußte der Pfaff Eulenspiegel wider seinen Willen den Laufpaß geben. Doch er war den Bauern behilflich, denn der Sigrist oder Mesner desselben Dorfes war kürzlich gestorben, und da die Bauern keines Mesners entbehren konnten, ging der Pfaff mit ihnen zu Rate, daß sie Eulenspiegel als Glöckner annahmen.

 **Wie Eulenspiegel ein Mesner ward in dem Dorf Büddenstedt, und wie der Pfarrer in die Kirche schiß, so daß Eulenspiegel eine Tonne Bier damit gewann.**

Als nun Eulenspiegel in dem Dorf ein Mesner ward, konnte er laut singen, wie es sich für einen Mesner gehört. Einmal stand der Pfaffe vor dem Altar und zog sich an und wollte Messe halten. Eulenspiegel stand hinter ihm und richtete ihm sein Alba* zurecht. Da ließ der Pfarrer einen großen Furz, daß es durch die Kirche schallte. Da sprach Eulenspiegel: »Herr, wie ist dem? Opfert Ihr das unserm Herrn statt Weihrauch hier vor dem Altar?« Der Pfaff sprach: »Was fragst du danach? Ist doch die Kirche mein! Ich hab Macht, daß ich mitten in die Kirche scheißen könnte.« Eulenspiegel entgegnete: »Das gilt euch und mir eine Tonne Bier, ob Ihr das tut.« – »Ja«, sprach der Pfaff, »es gilt wohl«, und sie wetteten miteinander. »Meinst du, ich sei nicht so kühn?« sprach der Pfaff, kehrte sich um, schiß einen großen Haufen in die Kirche und sprach: »Seht, Herr Küster, ich hab die Tonne Bier gewonnen!« Eulenspiegel sprach: »Mein Herr, erst wollen wir messen, ob's auch mitten in der Kirche sei, wie Ihr sagtet.« Eulenspiegel maß, da fehlte wohl ein Viertel bis zur Mitte der Kirche. Also gewann Eulenspiegel die Tonne Bier. Da ward die Köchin abermals zornig und sagte: »Ihr wollt des schalkhaften Knechts nicht ledig sein, bis er Euch überall in Schande bringt.«

 **Wie Eulenspiegel in der Ostermesse ein Spiel machte, daß sich der Pfarrer und seine Köchin mit den Bauern rauften und schlugen.**

Da nun Ostern nahte, sprach der Pfarrer zu Eulenspiegel, dem Mesner: »Es ist hier Sitte, daß die Bauern jeweils zu Ostern in der Nacht ein Osterspiel aufführen, wie unser Herr aus dem Grabe aufersteht.« Dazu müßte er helfen, denn es sei Brauch, daß die Sigristen* es zurichten und leiten. Da dachte Eulenspiegel: Wie soll das Marienspiel vor sich gehen mit den Bauern? Und er sprach zu dem Pfarrer: »Es ist doch kein Bauer hier, der gelehrt ist. Ihr müßt mir Eure Magd dazu leihen, die kann wohl schreiben und lesen!« Der Pfarrer sprach: »Ja, ja, nimm dir dazu, wer dir helfen kann, es sei Weib oder Mann; auch ist meine Magd schon früher dabeigewesen.« Der Köchin war es lieb. Sie wollte der Engel im Grabe sein, denn sie konnte den Reim dazu auswendig. Da suchte Eulenspiegel zwei Bauern und nahm sie zu sich, er und sie wollten die drei Marien sein. Und Eulenspiegel lehrte den einen Bauern seinen lateinischen Reim. Und der Pfarrer war unser Herrgott, der aus dem Grab auferstehen sollte.

Da nun Eulenspiegel vor das Grab kam mit seinen zwei Bauern, als die Marien gekleidet, sprach die Köchin als der Engel im Grab den Reim zu Latein: »Quem quaeritis? Wen suchet Ihr hier?« Da sprach der Bauer, die vorderste Marie, wie ihn Eulenspiegel gelehrt hatte: »Wir suchen eine alte, einäugige Pfaffenhure.« Als die Pfaffenköchin das hörte, daß sie verspottet ward mit ihrem einen Aug', da ward sie giftig und zornig auf Eulenspiegel und sprang aus dem Grab und meinte, sie wollte ihm ins Antlitz fallen mit den Fäusten, und schlug blindlings zu und traf den einen Bauern, daß ihm das eine Auge schwoll. Als der andere Bauer das sah, schlug er auch drein und traf die Köchin an den Kopf, daß ihr die Flügel entfielen. Da das der Pfarrer sah, ließ er die Fahne fallen und kam seiner Köchin zu Hilfe und sprang dem einen Bauern in das Haar und raufte sich mit ihm vor dem Grabe. Da das die andern Bauern sahen, liefen sie hinzu, und ein groß Geschrei entstand. Der Pfaff lag mit der Köchin unten, und die Bauern, die zwei Marien, auch unten, so daß die Bauern voneinander gezogen werden mußten.

Aber Eulenspiegel hatte die Gelegenheit wohl wahrgenommen und machte sich zeitig davon, lief aus der Kirche und ging aus dem Dorf und kam nicht wieder. Gott weiß, wo sie einen anderen Sigristen hernahmen!

 **Wie Eulenspiegel vorgab, daß er zu Magdeburg von der Laube fliegen wollte, und die Zuschauer mit Schimpfreden abwies.**

Bald nachdem Eulenspiegel ein Sigrist war, kam er gen Magdeburg in die Stadt und trieb viele Absonderlichkeiten. Und sein Name ward davon erst recht bekannt, so daß man von Eulenspiegel zu erzählen wußte.

Da ward er von den besten Bürgern der Stadt aufgefordert, er sollte etwas Abenteuerliches treiben. Da sagte er, er wollte das tun und auf das Rathaus steigen und von der Laube* herabfliegen. Da ward ein Geschrei in der Stadt, so daß sich jung und alt auf dem Markte versammelte und es sehen wollte. Und Eulenspiegel stieg auf die Laube vor dem Rathaus und bewegte seine Arme und gebärdete sich, als ob er fliegen wollte. Die Leute standen, sperrten Augen und Mäuler auf und meinten nicht anders, als daß er wirklich fliegen wollte. Da lachte Eulenspiegel und sprach: »Ich meinte, es wäre weiter kein Tor oder Narr in der Welt als ich. Nun sehe ich wohl, daß hier schier die ganze Stadt voller Toren ist. Wenn ihr mir allesamt gesagt hättet, daß ihr fliegen wolltet, so hätte ich's nicht geglaubt, und ihr glaubt mir als einem Toren! Wie sollt ich fliegen können? Ich bin doch weder Gans noch Vogel! Auch hab ich keine Fittiche, und ohne Fittich oder Federn kann niemand fliegen. Nun seht ihr offenbar, daß es erlogen ist!« Und er lief von der Laube und ließ das Volk stehen, die einen fluchend, die andern lachend, und sie sprachen: »Das ist ein Schalksnarr! Doch er hat wahr gesprochen!«

 **Wie Eulenspiegel sich für einen Arzt ausgab und des Bischofs von Magdeburg Doktor behandelte, der von ihm betrogen ward.**

Zu Magdeburg war ein Bischof, der hieß Bruno, ein Graf von Querfurt. Der hörte von Eulenspiegels Anschlägen und ließ ihn nach dem Giebichenstein kommen. Dem Bischof gefielen Eulenspiegels Schwänke wohl, und er gab ihm Kleider und Geld. Und die Diener mochten ihn gar wohl leiden und trieben viel Scherz mit ihm. Nun hatte der Bischof einen Doktor bei sich, der sich recht gelehrt und weise deuchte. Aber des Bischofs Hofgesinde war ihm nicht wohlgesinnt. Und derselbe Doktor hatte es an sich, daß er Toren nicht gerne um sich leiden mochte. Also sprach der Doktor zu dem Bischof und seinen Räten, man sollte weise Leute an der Herren Höfe halten, nicht solche Narren, aus mancherlei Gründen. Die Ritter und das Hofgesinde erklärten dazu, das wäre gar keine rechte Meinung von dem Doktor. Denn wer Eulenspiegels Torheit nicht hören möchte, der könnte wohl von ihm gehen; es wäre doch niemand zu ihm gezwungen. Der Doktor entgegnete: »Narren bei Narren und Weise bei Weisen! Hätten die Fürsten weise Leute bei sich, so wären sie voller Weisheit! Da sie Narren bei sich halten, so lernen sie Narretei.« Da sprachen etliche: »Wer sind die Weisen, die weise zu sein glauben? Man findet ihrer wohl, doch sind sie von Narren betrogen worden. Es geziemt Fürsten und Herren wohl, allerlei Volks an ihren Höfen zu halten. Denn mit Toren vertreiben sie mancherlei Phantasterei, und wo Herren sind, da wollen die Narren auch gerne sein.« So kamen die Hofleute zu Eulenspiegel und legten es darauf an, daß er einen Anschlag machen sollte, und baten ihn, eine List auszudenken. Sie wollten ihm dazu behilflich sein und auch der Bischof, daß der Doktor mit seiner Weisheit nach Gebühr bezahlt würde. Eulenspiegel sagte: »Ja, ihr Edlen und Ritter, wollt ihr mir dazu helfen, so soll der Doktor bezahlt werden.« Sie wurden eins.

Da zog Eulenspiegel auf vier Wochen über Land und bedachte sich, wie er mit dem Doktor umgehen wollte. Er hatte es sich bald überlegt und kam wieder nach dem Giebichenstein, verkleidete sich und gab sich für einen Arzt aus, denn der Doktor bei dem Bischof war oft siech im Leibe und gebrauchte viele Arzenei.

Da sagten die Ritter dem Doktor, ein Doktor der Arzenei wäre gekommen, und der sei sehr beschlagen in den Künsten der Arzenei. Der Doktor kannte Eulenspiegel nicht und ging zu ihm in die Herberge, und nach wenig Reden nahm er ihn mit sich auf die Burg. Sie kamen miteinander ins Gespräch, und der Doktor sprach zu dem Arzt, wenn er ihm von der Krankheit helfen könnte, wollt er ihn wohl entlohnen. Eulenspiegel antwortete ihm mit solchen Worten, wie sie die Ärzte gebrauchen, und gab vor, er müßte eine Nacht bei ihm liegen, damit er desto besser feststellen könne, wie seine Natur sei. »Ich will Euch gern etwas geben, bevor Ihr schlafen geht, daß Ihr davon schwitzet, und am Schweiß werde ich merken, was Euer Gebrechen ist.« Der Doktor ging mit Eulenspiegel zu Bett und meinte nicht anders, als daß wahr sei, was ihm Eulenspiegel sagte. Eulenspiegel gab dem Doktor eine scharfe Purganz ein, und der Doktor glaubte, er sollte davon schwitzen, und wußte nicht, daß es ein scharfes Abführmittel war.

Da nahm Eulenspiegel einen hohlen Stein und tat einen Haufen seines Kotes darein. Und er legte den hohlen Stein mit dem Dreck zwischen die Wand und den Doktor auf das Bettbrett. Der Doktor lag an der Wand, und Eulenspiegel lag vorn. Der Doktor hatte sich gegen die Wand gekehrt. Da stank ihm der Dreck, der im hohlen Stein lag, unter die Augen, daß er sich umwenden mußte, Eulenspiegel zu. Sobald er sich aber zu Eulenspiegel gekehrt hatte, ließ der einen stillschweigenden Furz, der gar übel stank. Da kehrte sich der Doktor wieder um, nun stank der Dreck ihn aus dem hohlen Stein wieder an. So trieb Eulenspiegel es mit dem Doktor schier die halbe Nacht.

Darauf wirkte die Purganz und trieb so scharf, schnell und stark, daß sich der Doktor ganz verunreinigte und recht übel stank. Da sprach Eulenspiegel zum Doktor: »Wie nun, würdiger Herr Doktor? Euer Schweiß hat schon lange übel gestunken. Wie kommt es, daß Ihr solchen Schweiß schwitzt? Er stinkt gar übel!« Der Doktor lag und dachte: Das riech ich wohl! Und er war des Gestanks so voll geworden, daß er kaum reden konnte. Eulenspiegel sprach: »Liegt nur still! Ich will gehen und ein Licht holen, damit ich sehen kann, was für eine Bewandtnis es mit Euch hat.« Indem sich Eulenspiegel aufrichtete, ließ er noch einen starken Scheiß schleichen. Der Doktor sprach: »Wie weh ist mir!« So krank war er, daß er sein Haupt kaum aufrichten konnte. Er dankte Gott, daß der Arzt von ihm ging. Er kriegte jetzt ein wenig Luft. Denn sooft der Doktor in der Nacht aufstehen wollte, hatte ihn Eulenspiegel zurückgehalten, daß er sich nicht aufrichten konnte, und gesagt, er müsse erst völlig ausschwitzen. Als nun Eulenspiegel aufgestanden und aus der Kammer gegangen war, machte er sich fort aus der Burg.

Indessen ward es Tag. Da sah der Doktor den hohlen Stein an der Wand stehen mit dem Dreck, und er war so krank, daß sein Antlitz mit dem Gestank besudelt war. Als nun die Ritter und Hofleute den Doktor wahrnahmen und ihm einen guten Morgen boten, da redete der Doktor ganz schwächlich und konnte ihnen nicht antworten und legte sich im Saal auf eine Bank und ein Kissen. Da holten die Hofleute den Bischof hinzu und fragten den Doktor, wie es ihm ergangen wäre mit dem Arzt. Er antwortete: »Ich bin beladen gewesen mit einem Schalk. Ich wähnte, es wär ein Doktor der Arzenei, doch es ist ein Doktor in der Leckerei.« Und er sagte ihnen alles, wie es ihm ergangen wäre. Da fingen der Bischof und die Hofleute an zu lachen und sprachen: »Es ist ganz nach Euern Worten geschehen. Ihr sagtet, man sollte sich nicht um Narren kümmern, denn der Weise würde töricht bei Toren. Aber Ihr seht, daß einer wohl durch Narren weise werden kann. Denn der Arzt ist Eulenspiegel gewesen, den habt Ihr nicht gekannt und habt ihm geglaubt, von dem seid Ihr betrogen worden. Aber wir, die wir uns seine Narrheit gefallen ließen, kannten ihn wohl, wollten Euch aber nicht warnen, weil Ihr gar so weise sein wolltet. Niemand ist so weise, daß er nicht auch Toren kennen sollte. Und wenn niemand ein Narr wäre, woran sollte man die Weisen erkennen?« Da schwieg der Doktor still und durfte nicht mehr klagen.

 **Wie Eulenspiegel im Dorfe Peine einem kranken Kind zum Scheißen verhalf und großen Dank verdiente.**

Recht bewährte Arzenei scheut man zuweilen eines kleinen Geldbetrages willen, und man muß den Landläufern oft viel mehr geben. So geschah es einstmals in dem Stift zu Hildesheim. Dahin kam auch Eulenspiegel, und zwar in eine Herberge, deren Wirt nicht daheim war. Eulenspiegel war gut bekannt dort. Die Wirtin hatte ein krankes Kind, und Eulenspiegel fragte, was dem Kind fehle und was es für eine Krankheit habe. Da sprach die Wirtin: »Das Kind kann nicht zu Stuhl gehen. Könnte es zu Stuhl gehen, so würde es mit ihm besser werden.« Eulenspiegel sagte, da gäbe es einen guten Rat. Die Frau sprach, hülfe er dem Kind, so wolle sie ihm geben, was er wolle. Da sprach Eulenspiegel, dafür wolle er nichts nehmen, es wäre ihm eine leichte Kunst. »Wartet ein wenig, es soll bald geschehn!«

Nun hatte die Frau hinten im Hofe etwas zu tun und ging dahin. Dieweil schiß Eulenspiegel einen großen Haufen an die Wand, stellte gleich des Kindes Stühlchen darüber und setzte das Kind darauf. Als die Frau aus dem Hof zurückkam, sah sie das Kind auf dem Stühlchen sitzen und sprach: »Ach, wer hat das getan?« Eulenspiegel sprach: »Ich hab's getan! Ihr sagtet, das Kind könne nicht zu Stuhl gehn, also hab ich das Kind draufgesetzt.« Da ward sie gewahr, was unter dem Stuhle lag, und sprach: »Seht an, das hat dem Kind im Leibe gelegen. Habt für immer Dank, daß Ihr dem Kinde geholfen habt!« Eulenspiegel sprach: »Von dieser Arzenei kann ich viel machen mit Gottes Hilfe.« Die Frau bat ihn freundlich, daß er sie die Kunst auch lehre, sie wollte ihm dafür geben, was er haben wolle. Da sprach Eulenspiegel, er wäre auf der Reise, wenn er aber wiederkäme, so wolle er sie die Kunst lehren.

Er sattelte sein Pferd und ritt auf Rosenthal zu, kehrte wieder um und ritt wieder gen Peine und wollte durchreiten nach Celle. Da standen die halbnackten Bankerten* von der Burg und fragten Eulenspiegel, welchen Weges er daherkäme. Eulenspiegel sprach: »Ich komme von Roldingen«, denn er sah wohl, daß sie nicht viel anhatten*. Sie sprachen: »Hör, kommst du von Koldingen, was entbietet uns der Winter?« Eulenspiegel sprach: »Der will euch nichts entbieten, er will euch selber ansprechen«, und er ritt dahin und ließ die halbnackten Buben stehen.

 **Wie Eulenspiegel zu Nürnberg in einem Spital alle Kranken ohne Arzenei gesund machte.**

Eines Tages kam Eulenspiegel gen Nürnberg. Und er schlug große Briefe an die Kirchtüren und an das Rathaus und gab sich für einen guten Arzt gegen alle Krankheiten aus. Nun war allda eine große Zahl kranker Menschen in dem neuen Spital, wo der hochwürdige heilige Speer Christi mit anderen merkwürdigen Stücken aufbewahrt wurde. Und der Spittelmeister wäre gern einen Teil der kranken Menschen los gewesen und hätte ihnen die Gesundheit wohl gegönnt. Also ging er hin zu Eulenspiegel, dem Arzt, und fragte ihn, ob er, auf Grund der Briefe, die er angeschlagen hätte, seinen Kranken helfen könne. Es solle ihm wohl gelohnt werden. Eulenspiegel sprach, er wolle ihm alle Kranken gesund machen, wenn er zweihundert Gulden anlegen und ihm die zusagen wollte. Der Spittelmeister sagte ihm das Geld zu, sofern er den Kranken hülfe. Also verbürgte sich Eulenspiegel, wenn er nicht alle Kranken gesund mache, so sollte er ihm nicht einen Pfennig geben. Das gefiel dem Spittelmeister wohl, und er gab ihm zwanzig Gulden Handgeld.

Da ging Eulenspiegel ins Spital und nahm zwei Knechte mit, und er fragte die Kranken, einen jeglichen nach seinem Gebrechen. Und zuletzt, wenn er von einem Kranken ging, beschwor er ihn und sprach: »Was ich dir offenbaren werde, das sollst du heimlich bei dir behalten und niemand verraten!« Das sagten ihm dann die Siechen in großem Vertrauen zu. Darauf sagte er einem jeglichen besonders: »Soll ich euch Kranken zur Gesundheit verhelfen und euch auf die Füße bringen, so ist mir das unmöglich, ich verbrenne denn euer einen zu Pulver und gebe das den andern in den Leib zu trinken. Das muß ich tun! Darum, wer der Kränkste unter euch alles ist und nicht gehen kann, den will ich zu Pulver verbrennen, auf daß ich den andern damit helfen möge. Ich werde also den Spittelmeister nehmen und mich an das Tor des Spitals stellen und mit lauter Stimme rufen: ›Wer da nicht krank ist, der komm heraus!‹ Das verschlaf du nicht! Denn der letzte muß die Zeche bezahlen.« So sprach er zu jedem.

Und ein jeglicher gab auf die Rede wohl acht, und an dem verabredeten Tag eilten sie sich mit Krücken und lahmen Beinen, weil keiner der letzte sein wollte. Als nun Eulenspiegel nach seiner Ankündigung rief, da begannen sie zu laufen, etliche, die in zehn Jahren nicht vom Bette gekommen waren. Da das Spital nun ganz leer war, begehrte Eulenspiegel vom Spittelmeister seinen Lohn und sagte, er müsse eilends weiterziehen. Da gab er ihm das Geld mit großem Dank, und Eulenspiegel ritt hinweg.

Aber nach drei Tagen kamen die Kranken alle wieder und klagten über ihre Krankheit. Da sprach der Spittelmeister: »Wie geht das zu? Ich habe euch doch den großen Meister geschickt, der euch doch geholfen hat, daß ihr alle selber davongegangen wart!« Da sagten sie dem Spittelmeister, wie der Arzt ihnen gedroht hätte, wer der letzte zur Tür hinaus wäre, wenn er riefe, den wolle er zu Pulver verbrennen. Da merkte der Spittelmeister, daß er von Eulenspiegel betrogen war. Aber der war weg, und er konnte ihm nichts mehr anhaben. Also blieben die Kranken wieder im Spital wie zuvor, und das Geld war verloren.

 **Wie Eulenspiegel Brot kaufte nach dem Sprichwort: Wer Brot hat, dem gibt man Brot.**

Treue gibt Brot. Eulenspiegel kam gen Halberstadt und ging auf dem Markt umher. Und er ward inne, daß es ein harter und kalter Winter war. Da dachte er: Der Winter ist hart, und der Wind weht dazu scharf. Du hast oft gehört: Wer Brot hat, dem gibt man Brot. Und er kaufte für zwei Schillinge Brot, borgte einen Tisch und setzte ihn vor den Dom zu St. Stefan und hielt feil. Und er trieb seine Gaukelei so lange, bis ein Hund kam und ein Brot vom Tisch nahm und damit den Domhof hinauflief. Eulenspiegel lief dem Hund nach. Dieweil kam eine Frau mit zehn jungen Ferkeln und stieß den Tisch um, und ein jegliches nahm ein Brot ins Maul und lief damit weg.

Da fing Eulenspiegel an zu lachen und sagte: »Nun sehe ich klar, daß die Worte falsch sind, da man spricht: Wer Brot hat, dem gibt man Brot. Ich hatte Brot, und das ward mir genommen«, und sprach weiter: »O Halberstadt, Halberstadt, du führst deinen Namen mit Recht*; dein Bier und deine Kost schmecken wohl, aber deine Pfennigsäcke sind von Sauleder gemacht.« Und er zog wieder gen Braunschweig.

 Wie Eulenspiegel sich zu Braunschweig als Bäckerknecht verdingte, und wie er Eulen und Meerkatzen buk.

Als nun Eulenspiegel gen Braunschweig zu der Bäckerherberge kam, da wohnte ein Bäcker nahe dabei, der rief ihn in sein Haus und fragte ihn, was für ein Gesell er wäre. Er sprach: »Ich bin ein Bäckerknecht.« Der Brotbäcker sprach: »Ich habe eben keinen Knecht. Willst du mir dienen?« Eulenspiegel sagte: »Ja.«

Als er nun zwei Tage bei ihm gewesen war, hieß ihn der Bäcker auf den Abend backen; denn er konnte sich bis zum Morgen nicht behelfen. Eulenspiegel sprach: »Ja, was soll ich denn backen?« Der Bäcker war ein scharfzüngiger Mann, und er war aufgebracht und sprach spottend: »Bist du ein Bäckerknecht und fragst erst, was du backen sollst? Was pflegt man denn zu backen? Eulen oder Meerkatzen!« Und damit legte er sich schlafen. Da ging Eulenspiegel in die Backstube und formte den Teig zu eitel Eulen und Meerkatzen, die ganze Backstube voll, und buk sie.

Der Meister stand des Morgens auf und wollte ihm helfen. Und als er in die Backstube kam, fand er weder Wecken noch Semmeln, sondern eitel Eulen und Meerkatzen. Da ward der Meister zornig und sprach: »Daß du das jähe Fieber kriegst! Was hast du da gebacken?« Eulenspiegel sprach: »Was Ihr mich geheißen habt: Eulen und Meerkatzen.« Der Bäcker sprach: »Was soll ich nun mit diesem Narrenzeug tun? Solch Brot ist mir zu nichts nütze. Ich kann es nicht zu Geld machen.« Und er packte Eulenspiegel beim Kragen und sprach: »Bezahle mir meinen Teig!«

Eulenspiegel sprach: »Ja, wenn ich Euch den Teig bezahle, soll dann die Ware mein sein, die davon gebacken ist?« Der Meister sprach: »Was frag ich nach solcher Ware? Eulen und Meerkatzen dienen mir nicht für meinen Laden.«

Also bezahlte Eulenspiegel dem Bäcker seinen Teig und nahm die gebackenen Eulen und Meerkatzen in einen Korb und trug sie aus dem Haus in die Herberge »Zum wilden Mann«. Und Eulenspiegel dachte bei sich selber: Du hast oft gehört, man könnte nichts so Seltsames gen Braunschweig bringen, daß man nicht Geld daraus löse. Und es war am Vortage des St. Niklasabends. Da stellte sich Eulenspiegel mit seiner Ware vor die Kirche und verkaufte die Eulen und Meerkatzen alle und löste viel mehr Geld daraus, als er dem Bäcker für den Teig gegeben hatte.

Das ward dem Bäcker kundgetan. Den verdroß das sehr, und er lief vor die St. Niklaskirche und wollte Eulenspiegel auch die Kosten für das Holz und für das Backen abfordern. Aber da war Eulenspiegel schon hinweg mit dem Geld, und der Bäcker hatte das Nachsehen.

Wie Eulenspiegel im Mondschein das Mehl in den Hof beutelte.

Eulenspiegel wanderte im Land umher und kam in das Dorf Ülzen und ward abermals ein Bäckerknecht. Als er nun zu einem Meister ins Haus gekommen war, da richtete der Meister alles zu, daß er backen könne, und Eulenspiegel sollte das Mehl in der Nacht beuteln, damit es am Morgen früh fertig wäre. Da sprach Eulenspiegel: »Meister, Ihr solltet mir ein Licht geben, daß ich beim Beuteln sehen kann.« Der Meister sprach zu ihm: »Ich gebe dir kein Licht. Ich habe meinen Knechten zu dieser Zeit nie Licht gegeben. Sie mußten im Mondschein beuteln, also mußt auch du es tun.« Eulenspiegel sprach: »Haben sie auf solche Weise gebeutelt, so will ich's auch tun.« Der Meister ging zu Bett und wollte ein paar Stunden schlafen.

Dieweil nahm Eulenspiegel den Beutel und reckte ihn zum Fenster hinaus und beutelte das Mehl in den Hof, wo der Mond hinschien, immer dem Scheine nach. Als nun des Morgens früh der Bäcker aufstand und backen wollte, da stand Eulenspiegel und beutelte noch. Da sah der Bäcker, daß Eulenspiegel das Mehl in den Hof beutelte, der war ganz weiß von Mehl. Da sprach der Meister: »Was, zum Teufel, machst du hier? Hat das Mehl nicht mehr gekostet, als daß du es in den Dreck beutelst?« Eulenspiegel sprach: »Habt Ihr mich nicht geheißen, in den Mondschein zu beuteln ohne Licht? Also hab ich's getan.« Der Bäcker

sprach: »Ich hieß dich, du solltest beuteln bei dem Mondschein.« Eulenspiegel sprach: »Wohlan, Meister, gebt Euch nur zufrieden, es ist geschehen beides: *in* und *bei* dem Mondschein, und dabei ist nicht mehr verloren als eine Handvoll Mehl. Das will ich bald wieder aufraffen, es schadet dem Mehl nicht das geringste.« Der Brotbäcker sprach: »Während du das Mehl aufraffst, dieweil macht man den Teig nicht, und so wird es denn zu spät zum Backen.« Eulenspiegel sprach: »Mein Meister, ich weiß einen guten Rat. Wir wollen wohl so zeitig backen als unser Nachbar. Sein Teig liegt in der Mulde: Wollt Ihr den haben, so will ich ihn gleich holen und will unser Mehl an seine Stelle tragen.«

Der Meister ward zornig und sprach: »Du willst den Teufel holen! Geh an den Galgen und hol den Dieb herein und laß mir des Nachbarn Teig liegen!« – »Ja«, sprach Eulenspiegel und ging aus dem Haus an den Galgen. Da lag ein Gerippe von einem Diebe, das war herabgefallen. Er nahm es auf den Hals und trug es in seines Meisters Haus und sprach: »Hier bring ich das, was am Galgen hing. Wozu wollt Ihr das haben? Ich wüßte nicht, wozu es gut wäre.« Der Bäcker sprach: »Bringst du sonst nichts mehr?« Eulenspiegel sprach: »Es war nicht mehr da.« Der Bäcker ward ergrimmt und sprach voll Zorn: »Du hast meiner Herren Gericht bestohlen und ihnen ihren Galgen beraubt. Das will ich dem Bürgermeister klagen; du sollst es sehen.«

Und der Bäcker ging aus dem Haus auf den Markt, und Eulenspiegel ging ihm nach. Und der Bäcker hatte es so eilig, daß er sich nicht umsah und auch nicht wußte, daß ihm Eulenspiegel nachging. Da stand nun der Amtmeister oder Bürgermeister auf dem Markt. So ging der Bäcker zu ihm und fing an zu klagen. Und Eulenspiegel war behende: Sobald sein Meister, der Bäcker, anfing zu klagen, stand Eulenspiegel hart neben ihm und sperrte beide Augen weit auf. Als der Bäcker Eulenspiegel sah, ward er so wütend, daß er vergaß, worüber er klagen wollte, und sprach zu Eulenspiegel grimmig: »Was willst du?« Eulenspiegel sprach: »Ich will weiter nichts haben; doch Ihr sagtet, ich sollte sehen, daß Ihr mich verklagen würdet vor dem Bürgermeister. Soll ich das nun sehen, so muß ich die Augen weit auftun, daß ich es sehen kann.« Der Bäcker sprach zu ihm: »Geh mir aus den Augen, du bist ein rechter Schalk!« Eulenspiegel sprach: »So werde ich oft geheißen. Säß ich in den Augen, so müßt ich Euch aus den Nasenlöchern kriechen, wenn Ihr die Augen zutätet.«

Da ging der Bürgermeister von ihnen, denn er hörte wohl, daß es Torheit war, und ließ sie beide stehen. Als Eulenspiegel das sah, lief er hinweg mit den Worten: »Meister, wann wollen wir backen? Die Sonne scheint nicht mehr« und ließ den Bäcker stehen.

 **Wie Eulenspiegel allwegen ein falbes Pferd ritt und nicht gern war, wo Kinder waren.**

Eulenspiegel war stets gern in Gesellschaft; aber zeit seines Lebens gab es drei Sachen, die er floh.

Zum ersten ritt er kein graues, sondern allezeit ein falbes Pferd, des Gespöttes wegen*. Zum andern wollte er nicht sein, wo Kinder waren, denn man achtete der Kinder bei ihrer Niedlichkeit mehr als seiner. Die dritte Sache: Wo ein alter, freigebiger Wirt war, bei dem war er nicht

gern zur Herberge, denn ein alter, freigebiger Wirt achte seines Gutes nicht und wäre gewöhnlich ein Tor; da wär auch seine Gemeinschaft nicht, denn da wäre kein Geld zu verdienen*.
Auch bekreuzigte er sich alle Morgen vor gesunder Speise und vor großem Glück und vor starkem Getränk. Denn gesunde Speise, das wäre Kraut, so gesund es auch wäre. Auch bekreuzigte er sich vor der Speise aus der Apotheke, denn wiewohl sie gesund sei, sei sie doch ein Zeichen der Krankheit. Und das wäre das große Glück: Wenn irgendwo ein Stein von dem Dache fiele oder Balken von dem Hause, so pflegte man zu sage: »Wäre ich dort gestanden, so hätte mich der Stein oder der Balken zu Tode gefallen; das war mein großes Glück!« Solches Glück wolle er gern entbehren. Das starke Getränk wäre das Wasser, denn es treibe große Mühlräder mit seiner Stärke, auch tränke sich mancher gute Gesell den Tod daran.

 **Wie Eulenspiegel sich bei dem Grafen von Anhalt als Turmbläser verdingte, und wenn Feinde kamen, so blies er sie nicht an, und wenn keine Feinde da waren, so blies er sie an.**

Nicht lange darnach kam Eulenspiegel zu dem Grafen von Anhalt. Zu dem verdingte er sich als Turmbläser. Der Graf hatte viel Feindschaft, so daß er in dem Städtchen und auf dem Schloß zu der Zeit viel Reiter und Hofvolk hielt, die man alle Tage speisen mußte.
Darüber ward Eulenspiegel auf dem Turm oft vergessen, so daß man ihm keine Speise sandte. Und eines Tages kam es dazu, daß des Grafen Feinde vor das Städtlein und das Schloß rannten und die Kühe nahmen und sie alle hinwegtrieben. Und Eulenspiegel lag auf dem Turme und guckte durch das Fenster und machte keinen Lärm weder mit Blasen noch mit Schreien. Als das Gerücht vor den Grafen kam, eilte er mit den Seinen den Feinden nach. Dabei sahen etliche, daß Eulenspiegel auf dem Turm im Fenster lag und lachte. Da rief ihm der Graf zu: »Warum liegst du im Fenster und bist so still?« Eulenspiegel rief wieder herab: »Vor dem Essen ruf ich und tanz ich nicht gern.« Der Graf rief ihm zu: »Willst du die Feinde nicht anblasen?« Eulenspiegel rief zurück: »Ich darf keine Feinde heranblasen, das Feld wird sonst voll mit ihnen, und ein Teil von ihnen ist schon mit den Kühen abgezogen. Blies ich erst mehr Feinde, sie schlügen Euch zu Tod.« So war das Gespräch.
»Wohlan, es ist gut«, sagte der Graf, eilte den Feinden nach, und sie tummelten sich miteinander. Eulenspiegel ward auf der Turmwarte vergessen. Und der Graf war eine Weile zufrieden. Er erbeutete einen

Haufen Vieh von seinen Feinden, und das hieben sie in Stücke und brieten es. Eulenspiegel dachte auf dem Turm, wie er auch etwas von der Beute davontrüge, und gab darauf acht, wenn es Essenszeit sein würde. da fing er an zu rufen und zu blasen: »Feindio, Feindio!« Der Graf lief eilends mit den Seinen von den gedeckten Tischen, legte den Harnisch an, nahm Waffen in die Hand, und sie eilten sogleich dem Tor zu, in dem Feld nach den Feinden zu lugen. Dieweil lief Eulenspiegel behend und schnell von dem Turm und kam über des Grafen Tisch und nahm sich von der Tafel Gesottenes und Gebratenes und was ihm beliebte und ging schnell wieder auf den Turm. Da nun die Ritter und das Fußvolk kamen, wurden sie keiner Feinde gewahr und sprachen miteinander: »Der Türmer hat das aus Schalkheit getan« und zogen wieder heim, dem Tore zu.

Der Graf rief zu Eulenspiegel hinauf: »Bist du unsinnig und toll geworden?« Eulenspiegel sprach: »Ohne alle arge List; aber Hunger und Not erdenken manche List.« Der Graf sprach: »Warum hast du ›Feindio‹ gerufen, und ist keiner da gewesen?« Eulenspiegel antwortete: »Da keine Feinde da waren, mußt ich etliche daherblasen.« Da sprach der Graf: »Du kratzt dich mit Schalksnägeln: Sind Feine da, so willst du sie nicht anblasen, und sind keine da, so bläst du sie an. Das sollte wohl Verräterei werden!« Und er setzte ihn ab und dingte einen andern Turmwächter an seiner Statt, und Eulenspiegel mußte mit ihnen zu Fuß auslaufen als Fußknecht. Das verdroß ihn sehr, und er wäre gerne von dannen gegangen, konnte aber mit Glimpf nicht hinwegkommen.

Wenn sie gegen den Feind auszogen, so trödelte er stets und war allezeit der letzte zum Tor hinaus. Und wenn sie es geschafft hatten und wieder heimkehrten, so war er allewege der erste zum Tor hinein. Da sprach der Graf zu ihm, wie er das von im verstehen sollte: wenn er mit ihm gegen den Feind auszöge, wäre er immer der letzte, und wenn man heimzöge, der erste. Eulenspiegel sprach: »Ihr sollt darüber nicht zürnen, denn während Ihr und Euer Hofgesinde schon aßen, saß ich auf dem Turme und fastete: davon bin ich kraftlos geworden. Soll ich nun der erste an den Feinden sein, so muß ich die Zeit wahrnehmen und hereilen, daß ich ja der erste an der Tafel und der letzte beim Weggehen wäre, damit ich wieder stark werde. Dann wollte ich wohl der erste und der letzte an den Feinden sein.«

»So hör ich wohl«, sprach der Graf, »daß du nur so lange bei mir aushalten wolltest, als du auf dem Turme saßt.« Da sprach Eulenspiegel: »Was jedermanns Recht ist, das nimmt man ihm gern.« Da sprach der Graf: »Du sollst nicht länger Knecht sein« und gab ihm den Laufpaß. Da war Eulenspiegel froh, denn er hatte nicht viel Lust, alle Tage mit den Feinden zu fechten.

 **Wie Eulenspiegel seinem Pferde güldene Hufeisen aufschlagen ließ, die der König von Dänemark bezahlen mußte.**

Ein solcher Hofmann war Eulenspiegel, daß der Ruf seiner Tüchtigkeit zu manchen Fürsten und Herren drang und daß man wohl von ihm zu berichten wußte. Das mochten die Herren und Fürsten gut leiden und gaben ihm Kleider, Pferde, Geld und Kost. Also kam er zu dem König von Dänemark, und der hatte ihn sehr lieb und bat ihn, daß er etwas Abenteuerliches vorführte, er wollte ihm sein Pferd beschlagen lassen mit dem allerbesten Hufschlag. Eulenspiegel fragte den König, ob er auch seinen Worten glauben sollte. Der König sprach: »Ja«, wenn er nach seinen Worten täte.

Eulenspiegel ritt mit seinem Pferde zum Goldschmied und ließ es mit güldenen Hufeisen und silbernen Nägeln beschlagen und ging dann zum König und bat, er möchte ihm den Hufschlag bezahlen. Der König sprach: »Ja« und fragte ihn, wieviel der Hufschlag kosten sollte. Und er sprach zu dem Schreiber, er sollte Eulenspiegel den Hufschlag bezahlen. Nun meinte der Schreiber, es wär ein schlichter Hufschmied zu bezahlen. Aber Eulenspiegel brachte ihn zum Goldschmied, und der Goldschmied wollte hundert dänische Mark haben. Das wollte der Schreiber nicht bezahlen und ging fort und sagte das dem König.

Der König ließ Eulenspiegel holen und sprach zu ihm: »Eulenspiegel, was für einen teuren Hufschlag ließest du machen? Wenn ich alle

meine Pferde so beschlagen lassen wollte, so müßte ich bald Land und Leute verkaufen. Das war meine Meinung nicht, daß man das Pferd mit Gold beschlagen ließe.« Eulenspiegel sprach: »Gnädiger König, Ihr sagtet, es sollte der beste Hufschlag sein, und ich sollte Euern Worten Genüge tun. Nun dünkt mich aber kein Hufschlag besser als einer von Silber und Gold.« Der König sprach: »Du bist mein allerliebstes Hofgesind. Du tust, was ich dich heiße«, fing an zu lachen und bezahlte die hundert Mark. Da ging Eulenspiegel und ließ die goldenen Hufeisen abreißen und sein Pferd mit Eisen beschlagen und blieb bei dem König bis zu dessen Tod.

 **Wie Eulenspiegel des Königs von Polen Schalksnarren mit grober Schalkheit überwand.**

Bei dem hochgeborenen Fürsten Kasimir, König zu Polen*, war ein Abenteurer, der voll seltsamer Schwänke und Gaukelei war und gut auf der Fiedel spielen konnte. Eulenspiegel kam ebenfalls in Polen zu dem König, und der König hatte bereits viel von Eulenspiegel gehört. So war er ihm ein lieber Gast, und er hätte ihn um seiner Abenteuer willen schon längst gerne gesehen und gehört. Auch seinen Spielmann hatte er sehr lieb. Nun kamen Eulenspiegel und des Königs Narr zusammen. Da geschah, wie man sagt: Zwei Narren in einem Haus, die tun selten gut. Des Königs Schalksnarr mochte Eulenspiegel nicht leiden, und Eulenspiegel wollte sich auch nicht vertreiben lassen. Das merkte nun der König, und er ließ sie beide in seinen Saal kommen. »Nun wohlan«, sprach er, »wer von euch beiden die abenteuerlichste Narretei vollbringt, die ihm der andere nicht nachtut, den will ich neu kleiden und will ihm 20 Gulden dazugeben. Und das soll jetzt in meiner Gegenwart geschehen.«
Nun befleißigten sich die beiden der Torheit und trieben viel Affenpossen mit krummen Mäulern und seltsamen Reden, was einer sich nur vor dem andern ausdenken konnte. Und was des Königs Narr tat, das tat ihm Eulenspiegel alles nach, und was Eulenspiegel tat, das tat ihm den Königs Narr nach. Der König und seine ganze Ritterschaft lachten und sahen mancherlei Abenteuer. Nun dachte Eulenspiegel: 20 Gulden und ein neues Kleid, das wäre wohl gut; ich will darum tun, was ich sonst ungern tue. Und er sah wohl, was des Königs Meinung war, näm-

lich daß es ihm gleich gälte, welcher von ihnen den Preis gewönne. Da ging Eulenspiegel mitten in den Saal und hob sich hinten auf und schiß einen Haufen mitten in den Saal und nahm einen Löffel und teilte den Dreck genau in der Mitte in zwei Teile und rief den anderen und sprach: »Narr, komm her und mach mir die Leckerei auch nach, die ich dir vormachen will«, und nahm den Löffel und faßte den gelben Dreck damit und aß ihn auf und bot den Löffel dem Schalksnarren und sprach: »Schau her, iß du die andere Hälfte, und darnach mach du auch einen Haufen und teile den auch auseinander, so will ich dir auch nachessen!« Da sprach des Königs Narr: »Nein, nicht so. Das tue dir Teufel nach! Und sollt ich mein Lebtag nackend gehen, ich esse von dir und von mir nicht.« Also gewann Eulenspiegel die Meisterschaft in der Büberei, und der König gab ihm das neue Kleid und die 20 Gulden. Eulenspiegel ritt hinweg und trug vom König Lob davon.

Wie Eulenspiegel das Herzogtum zu Lüneburg verboten ward, und wie er sein Pferd aufschnitt und sich hineinstellte.

Im Lande Lüneburg zu Celle verübte Eulenspiegel eine abenteuerliche Büberei. Darum verbot ihm der Herzog von Lüneburg das Land, und wenn er darin gefunden würde, sollte man ihn fangen und dann henken. Doch mied Eulenspiegel das Land darum nicht. Wenn ihn sein Weg dahin trug, so ritt oder ging er nichtsdestoweniger durch das Land, so oft er wollte.

Einmal begab es sich nun, daß Eulenspiegel durch das Land Lüneburg reiten wollte, und da begegnete ihm der Herzog. Als Eulenspiegel nun sah, daß es der Herzog war, da dachte er: Ist es nun der Herzog und wirst du flüchtig, so überholen sie dich mit ihren Gäulen und stechen dich von dem Pferd, und so kommt dann der Herzog zornerfüllt und hängt mich an einen Baum. So bedachte er sich und faßte einen kurzen Entschluß. Er stieg ab von seinem Pferd, schnitt ihm rasch den Bauch auf, schüttete das Eingeweide heraus und stellte sich in den Rumpf.

Als nun der Herzog mit seinen Rittern dahergeritten kam, wo Eulenspiegel in seines Pferdes Bauch stand, da sprachen die Diener zu dem Herzog: »Seht, Herr, hier steht Eulenspiegel in seines Pferdes Haut!« Da ritt der Fürst zu ihm und sprach: »Bist du es? Was tust du hier in dem Aas? Weißt du nicht, daß ich dir mein Land verboten habe? Und wenn ich dich darin fände, so wollte ich dich an einen Baum henken lassen?« Da sprach Eulenspiegel: »O gnädigster Herr und Fürst, ich hoffe, Ihr wollet mir das Leben schenken, ich habe doch nichts so Übles getan,

was des Henkens wert ist!« Der Herzog sprach zu ihm: »Komm her zu mir und beweise mir doch deine Unschuld! Und was meinst du damit, daß du so in der Pferdehaut stehst?« Eulenspiegel kam hervor und antwortete: »Gnädiger Herr und hochgeborner Fürst, ich befürchte Eure Ungnade und ängstige mich gar sehr. Doch hab ich all mein Lebtag gehört, daß ein jeder Frieden haben soll in seinen vier Pfählen.« Da fing der Herzog an zu lachen und sprach: »Willst du nun hinfort meinem Lande fernbleiben?« Eulenspiegel antwortete: »Ja, gnädiger Herr, wie Eure fürstliche Gnaden will.« Der Herzog ritt hinweg und sprach: »Bleib, wie du bist!«

Da sprang Eulenspiegel eilends aus dem Pferd und sprach zu seinem toten Pferd: »Hab Dank, mein liebes Pferd, du hast mir geholfen und das Leben gerettet und hast mir obendrein einen Herrn wieder gnädig gemacht! Liege nun hier, es ist besser, daß dich die Raben fressen, als wenn sie mich gefressen hätten!« Und er lief zu Fuß davon.

 **27** **Wie Eulenspiegel einem Bauern einen Teil seines Landes im Lüneburger Land abkaufte und dann in einem Sturzkarren saß.**

Darnach kam Eulenspiegel aber wieder in das Lüneburger Land. Er ging bei Celle in ein Dorf und wartete darauf, daß der Herzog wieder einmal gen Celle reiten würde. Da ging ein Bauer auf seinen Acker. Eulenspiegel hatte ein anderes Pferd bekommen und einen Sturzkarren und fuhr zu dem Bauern und fragte ihn, wem der Acker wäre, den er bestellte. Der Bauer sprach: »Er ist mein, ich hab ihn ererbet.« Da sprach Eulenspiegel, was er ihm geben sollt für den Sturzkarren voll Erde von dem Acker. Der Bauer sprach: »Einen Groschen nehme ich dafür.« Eulenspiegel gab ihm einen Groschen Pfennige und warf den Karren voll Erde von dem Acker und kroch darein und fuhr vor die Burg zu Celle an der Aller.

Als nun der Herzog geritten kam, ward er Eulenspiegels gewahr, wie er in dem Karren saß, bis an die Schultern in der Erde. Da sprach der Herzog: »Eulenspiegel, ich hatte dir mein Land verboten. Wenn ich darin fände, wollt ich dich henken lassen.« Eulenspiegel sprach: »Gnädiger Herr, ich bin nicht in Euerm Land, ich sitz in meinem Land, das ich gekauft hab für einen Groschen Pfennige. Ich kaufte es von einem Bauern, der mir sagte, es wäre sein Erbteil.« Der Herzog sprach: »Fahr hin mit deinem Erdreich aus meinem Erdreich und komm nicht wieder, ich werde dich sonst mit Pferd und mit Karren henken lassen!« Da stieg Eulenspiegel eilends aus dem Karren und sprang auf das Pferd und ritt aus dem Lande und ließ den Karren vor der Burg stehen. Dort liegt noch Eulenspiegels Erdreich vor der Brücke.

 **28** **Wie Eulenspiegel für den Landgrafen von Hessen malte und ihm weismachte, wer unehelich wäre, der könne es nicht sehen.**

Abenteuerliche Dinge trieb Eulenspiegel im Lande Hessen. Nachdem er das Sachsenland um und um durchwandert hatte und so gut bekannt war, daß er sich mit seinen Streichen nicht mehr länger durchbringen konnte, da begab er sich in das Land Hessen und kam gen Marburg an des Landgrafen Hof. Und der Herr fragte ihn, was er für ein Abenteurer wäre. Er antwortete: »Gnädiger Herr, ich bin ein Künstler.« Darüber freute sich der Landgraf. Denn er meinte, er wäre ein Artist* und verstünde die Alchemie. Denn der Landgraf beschäftigte sich viel mit der Alchemie. Also fragte er Eulenspiegel, ob er ein Alchemist wäre. Eulenspiegel sprach: »Gnädiger Herr, nein, ich bin ein Maler, desgleichen in vielen Landen nicht gefunden wird. Denn meine Arbeit übertrifft andere Arbeit weit.« Der Landgraf sprach: »Laß uns etwas davon sehen!« Eulenspiegel sprach: »Ja, gnädiger Herr.« Und er hatte etliche Tüchlein* und kunstvolle Stücke, die er in Flandern gekauft hatte; die zog er hervor aus seinem Sack und zeigte sie dem Landgrafen. Sie gefielen dem Herrn so sehr, daß er zu ihm sprach: »Lieber Meister, was wollt Ihr nehmen, wenn Ihr unsern Saal ausmalt mit Bildern von der Herkunft der Landgrafen von Hessen und wie sie verwandt waren mit dem König von Ungarn und andern Fürsten und Herren und wie lange das bestanden hat. Und wollet uns das alles auf das allerhöchste machen, so Ihr es nur immer könnt?« Eulenspiegel antwortete: »Gnädiger Herr, so wie mir Euer Gnaden das angibt, würde es wohl vierhundert Gulden kosten.« Der Landgraf sprach: »Meister, machet uns das nur gut; wir wollen's Euch wohl belohnen und Euch ein gutes Geschenk dazu geben.« Eulenspiegel nahm den Auftrag also an. Doch mußte ihm der Landgraf hundert Gulden im voraus geben, damit er Farben kaufen und Gesellen annehmen könnte. Als aber Eulenspiegel mit drei Gesellen die Arbeit anfangen wollte, bedingte er sich noch bei dem Landgrafen aus, daß niemand in den Saal gehen dürfe, solange er arbeite, als allein seine Gesellen, damit er in seiner Kunst nicht behindert würde. Das bewilligte ihm der Landgraf. Nun wurde Eulenspiegel mit seinen Gesellen eins und verständigte sich mit ihnen, daß sie stillschweigen und ihn gewähren ließen. Sie brauchten nicht zu arbeiten und sollten dennoch ihren Lohn haben; ihre größte Arbeit sollte im Brett- und Schachspiel bestehen. Das nahmen die Gesellen an und waren's wohl zufrieden, daß sie mit Müßiggehen gleichwohl Lohn verdienen sollten.

Das währte nun eine Woche oder vier, da verlangte der Landgraf zu sehen, was der Meister mit seinen Gesellen wohl malen möchte und ob es so gut würde wie die Proben. Und er sprach Eulenspiegel an: »Ach, lieber Meister, uns verlangt gar sehr, Eure Arbeit zu sehen! Wir begehren, mit Euch in den Saal zu gehen und Eure Gemälde zu betrachten!« Eulenspiegel sprach: »Ja, Gnädiger Herr. Aber eines will ich Euer Gnaden sagen: Wer mit Euer Gnaden geht und die Gemälde beschaut und nicht recht ehelich geboren ist, der wird meine Gemälde nicht sehen.« Der Landgraf sprach: »Meister, das wäre etwas Großes!«

Indessen gingen sie in den Saal. Da hatte Eulenspiegel ein langes leinenes Tuch an die Wand gespannt, die er bemalen sollte. Das zog Eulenspiegel ein wenig zurück und zeigte mit einem weißen Stäblein an die Wand und sprach: »Seht, gnädiger Herr, dieser Mann, das ist der erste Landgraf von Hessen und ein Columneser von Rom, und er hatte zur Fürstin und Frau eine Herzogin von Bayern, des milden Justinians Tochter, der hernach Kaiser ward. Gehet, gnädiger Herr, von dem da ward geboren Adolfus. Adolfus zeugte Wilhelm den Schwarzen. Wilhelm zeugte Ludwig den Frommen und so weiter bis auf Euer fürstliche Gnaden*. Und ich weiß das fürwahr, daß niemand meine Arbeit tadeln kann, so kunstvoll und meisterlich ist sie und auch so schön in den Farben.« Der Landgraf sah nichts als die weiße Wand, und er dachte bei sich selbst: Sollte ich ein Hurenkind sein? Ich sehe doch nichts anderes als eine weiße Wand! Jedoch sprach er, um glimpflich wegzukommen: »Lieber Meister, uns genügt Eure Arbeit wohl; doch haben wir nicht genug Verständnis dafür, es recht zu erkennen« und ging damit aus dem Saal.

Als nun der Landgraf zu der Fürstin kam, fragte sie ihn: »Ach, gnädiger Herr, was malet denn Euer freier Maler? Ihr habt es besehen, wie gefällt Euch seine Arbeit? Ich habe wenig Vertrauen zu ihm; er sieht wie ein Schalk aus!« Der Fürst sprach: »Liebe Frau, mir gefällt seine Arbeit recht wohl; tut ihm nicht unrecht!« – »Gnädiger Herr«, sprach sie, »dürfen wir es nicht auch besehen?« – »Ja, mit des Meisters Willen.« Sie ließ Eulenspiegel zu sich kommen und begehrte, auch die Gemälde zu sehen. Eulenspiegel sprach zu ihr wie zu dem Fürsten: Wer nicht recht ehelich geboren sei, der könne seine Arbeit nicht sehen. Da ging sie mit acht Jungfrauen und einer Närrin* in den Saal. Eulenspiegel zog wieder das Tuch zur Seite wie zuvor und erzählte auch der Gräfin von der Herkunft der Landgrafen, ein Stück nach dem andern. Aber die Fürstin und die Jungfrauen schwiegen alle still. Niemand lobte oder tadelte das Gemälde; denn jegliche war in Sorge, daß sie von Vater oder Mutter her unehelich sein möchte. Und zuletzt, da hub die Närrin an und sprach: »Liebster Meister, ich sehe nichts vom Gemälde und sollte ich all mein Lebtag ein Hurenkind sein.« Da dachte Eulenspiegel: Das will nicht gut werden! Wollen die Toren die Wahrheit sagen, so muß ich mich wahrlich aus dem Staub machen, und er zog die Sache ins Lächerliche.

Indessen ging die Fürstin wieder zu ihrem Herrn. Der fragte sie, wie ihr die Gemälde gefielen. Sie antwortete ihm: »Gnädiger Herr, sie gefallen mir ebenso wohl wie Euer Gnaden. Aber unserer Närrin gefallen sie nicht. Sie spricht, sie sähe keine Gemälde, desgleichen auch unsere Jungfrauen. Ich fürchte, es steckt eine Büberei dahinter!« Das ging dem Fürsten zu Herzen, und er bedachte, ob er nicht betrogen wäre. Dennoch ließ er Eulenspiegel sagen, daß er seine Sache vollenden solle. Das ganze Hofgesinde sollte seine Arbeit besehen. Und der Fürst meinte feststellen zu können, wer ehelich unter seiner Ritterschaft wäre oder unehelich, denn deren Leben wären ihm verfallen. Da ging Eulenspiegel zu seinen Gesellen und gab ihnen Urlaub. Und er forderte noch hundert Gulden von dem Rentmeister und empfing sie und machte sich sogleich davon.

Des andern Tages fragte der Graf nach seinem Maler; aber der war hinweg. Da ging der Fürst in den Saal mit allem seinem Hofgesinde, ob jemand etwas von dem Gemalten sehen könnte. Aber niemand konnte sagen, daß er etwas sähe. Und da sie alle schwiegen, sprach der Landgraf: »Nun sehen wir wohl, daß wir betrogen sind. Und um Eulenspiegel habe ich mich nie bekümmern wollen, nun ist er dennoch zu uns gekommen. Doch die zweihundert Gulden wollen wir wohl verschmerzen; denn er muß ein Schalk bleiben und darum unser Fürstentum meiden.« So war Eulenspiegel aus Marburg entkommen und wollte sich fürderhin nicht mehr mit Malen abgeben.

 **Wie Eulenspiegel in Prag zu Böhmen auf der hohen Schule mit den Studenten konversierte und wohl bestand.**

Eulenspiegel zog gen Prag in Böhmen, als er von Marburg geschieden war. Zu der Zeit wohnten dort noch gute Christen, bevor Wiclif aus England die Ketzerei in Böhmen bewirkte, die durch Jan Hus verbreitet ward*. Er gab sich dort für einen großen Meister in der Beantwortung schwerer Fragen aus, für die andere Meister keine Auslegung und keinen Bescheid geben könnten. Das ließ er auf Zettel schreiben und schlug es an die Kirchtüren und an die Kollegien. Den Rektor verdroß das. Die Kollegiaten*, Doktores und Magister waren samt der ganzen Universität in einer üblen Lage. Sie kamen zusammen, um zu beratschlagen, wie sie Eulenspiegel quaestiones* aufgäben, die er nicht beantworten könnte; so er dann übel bestünde, könnten sie mit Glimpf an ihn herankommen und ihn beschämen. Und das ward unter ihnen ausgemacht und beschlossen, und sie konkordierten* und ordinierten*, daß der Rektor die Fragen stellen sollte. Sie ließen Eulenspiegel durch ihren Pedellen auffordern, des anderen Tages zu erscheinen und die quaestiones und Fragen, die man ihm schriftlich gab, vor der ganzen Universität zu beantworten, auf daß er also geprüft und seine Kunst für recht befunden würde. Sonst solle er nicht zugelassen werden. Eulenspiegel gab dem Pedellen zur Antwort: »Sage deinen Herren, ich wollte das so tun und hoffte, als ein tüchtiger Mann zu bestehen, wie ich es bisher getan habe.« Des andern Tags versammelten sich alle Doktores und Gelehrten. Da kam auch Eulenspiegel und brachte seinen Wirt mit sich und etliche andere Bürger und etliche gute Gesellen, um etwa einem Überfalle zu begegnen, der ihm von den Studenten geschehen möchte. Und als er nun in ihre Versammlung kam, hießen sie ihn auf den Stuhl steigen und hießen ihn die Fragen beantworten, die ihm vorgelegt würden. Und die erste Frage, die der Rektor an ihn tat, war, daß er sagen und als wahr beweisen sollte, wieviel Ohm* Wasser im Meer wären. So er die Frage nicht lösen und beantworten könnte, so wollten sie ihn als einen ungelehrten Anfechter der Kunst verdammen und strafen. Auf diese Frage antwortete er behend: »Würdiger Herr Rektor, heißet die anderen Wasser stillestehen, die an allen Enden in das Meer laufen, so will ich Euch messen, beweisen und genauen Bescheid davon geben, und das ist leicht zu tun.« Dem Rektor war unmöglich, die Wasser anzuhalten, und er nahm also davon Abstand und erließ ihm das Messen.

Und der Rektor stand beschämt und tat eine andere Frage und sprach: »Sag mir, wieviel Tage sind vergangen von Adams Zeiten bis auf diesen Tag?« Eulenspiegel antwortete kurz: »Nur sieben Tage, und so die herum sind, heben sieben andere Tage an; das währt bis zum Ende der Welt.«

Der Rektor stellte ihm die dritte Frage und sprach: »Sag mir sogleich, wie oder woran ist die Mitte der Welt?« Eulenspiegel antwortete: »Das ist hier. Ich stehe genau mitten in der Welt. Und daß Ihr seht, daß es wahr ist: Laßt es mit einer Schnur messen, und wenn nur ein Strohhalm daran fehlt, so will ich unrecht haben.« Der Rektor, eh er's messen wollte, ließ er lieber Eulenspiegels Antwort gelten.

Da stellte er die vierte Frage an Eulenspiegel ganz im Zorn und sprach: »Sag an, wie weit ist es von der Erden bis an den Himmel?« Eulenspiegel antwortete: »Es ist ganz nahe: Wenn man im Himmel redet oder ruft, das kann man hienieden wohl hören. Steigt Ihr hinauf, so will ich hienieden sanft rufen, das sollt Ihr im Himmel hören. Und hört Ihr das nicht, so will ich unrecht haben.«

Der Rektor war mit ihm einverstanden und stellte die fünfte Frage: Wie groß der Himmel wäre. Eulenspiegel antwortete ihm alsbald und sprach: »Er ist tausend Klafter breit und tausend Ellenbogen hoch; es kann nichts daran fehlen. Wollt Ihr das nicht glauben, so nehmt Sonne, Mond und alles Gestirn von dem Himmel und meßt es gut nach; so werdet Ihr finden, daß ich recht haben, wiewohl Ihr das nicht gern zugebt.«

Was sollten sie sagen? Eulenspiegel war ihnen allen zu gescheit, und sie mußten ihm alle recht geben. Er wartete nicht lange. Als er die Gelehrten überwunden hatte mit Schalkheit, befürchtete er, sie könnten ihm das einträcken, so daß er zuschanden gemacht würde. Deshalb zog er sich den langen Rock aus, wanderte weiter und kam gen Erfurt.

 **Wie Eulenspiegel zu Erfurt einen Esel im Psalter lesen lehrte.**

Eulenspiegel hatte große Eile, nach Erfurt zu kommen, als er zu Prag die Schalkheit angerichtet hatte, denn er besorgte, sie möchten ihm nacheilen. Als er aber gen Erfurt kam, wo eine recht große und berühmte Universität ist, schlug Eulenspiegel auch dort seine Briefe an. Und die Kollegiaten der Universität hatten viel gehört von seinen Listen und beratschlagten, was sie ihm aufgäben, damit es ihnen nicht erginge, wie denen zu Prag mit ihm ergangen war, und sie mit Schanden bestünden. Nun wurden sie einig, daß sie Eulenspiegel einen Esel in die Lehre geben wollten, denn es sind so viel Esel in Erfurt, alte und junge. Sie ließen Eulenspiegel holen und sprachen zu ihm: »Magister, Ihr habt gelehrte Briefe angeschlagen, daß Ihr eine jegliche Kreatur in kurzer Zeit wolltet Lesen und Schreiben lehren. Drum sind die Herrn von der Universität hier und wollen Euch einen jungen Esel in die Lehre geben. Getraut Ihr Euch auch, ihn zu lehren?« Eulenspiegel sprach: »Ja«, aber er müsse Zeit dazu haben, weil es eine der Sprache nicht mächtige und unvernünftige Kreatur wäre. Da wurden sie mit ihm eins auf zwanzig Jahre. Eulenspiegel dachte: Unser sind drei. Stirbt der Rektor, so bin ich frei; sterb ich, wer will mich mahnen? Stirbt mein Schüler, so bin ich ebenfalls ledig. So nahm er an. Er forderte 500 alte Schock* dafür. Und sie gab ihm etliches von dem Geld im voraus.

Also nahm Eulenspiegel den Esel zu sich und zog in die Herberge »Zum Turm«, wo zu der Zeit ein seltsamer Wirt war. Dort bestellte er einen Stall allein für seinen Schüler und nahm einen alten Psalter, den legte er ihm in die Krippe, und zwischen jegliches Blatt legte er Hafer. Des ward der Esel inne und warf die Blätter mit dem Maul umher, um des Hafers willen. Und wenn er dann keinen Hafer mehr zwischen den Blättern fand, rief er: »I-A, I-A!« Als Eulenspiegel das bei dem Esel bemerk-

te, ging er zu dem Rektor und sprach: »Herr Rektor, wann wollt Ihr einmal sehen, was mein Schüler macht?« Der Rektor sprach: »Lieber Magister, will er die Lehre denn annehmen?« Eulenspiegel sprach: »Er ist von unmäßig grober Art, und es wird mir schwer, ihn zu lehren. Jedoch hab ich es mit großem Fleiß und vieler Arbeit erreicht, daß er etliche Buchstaben und besonders etliche Vokale kennt und nennen kann. Wollt Ihr, so geht mit mir, so sollt Ihr es hören und sehen.«
Der gute Schüler hatte jedoch den Tag gefastet bis gegen drei Uhr nachmittags. Als nun Eulenspiegel mit dem Rektor und etlichen Magistern kam, da legte er seinem Schüler ein neues Buch vor. Sobald dieser das in der Krippe fand, warf er alsbald die Blätter hin und her, den Hafer zu suchen. Als er nichts fand, begann er mit lauter Stimme zu schreien: »I-A! I-A!« Da sprach Eulenspiegel: »Seht, lieber Herr, die beiden Vokale I und A, die kann er jetzt schon. Ich hoffe, er wird noch gut werden.« Bald darnach starb der Rektor. Da verließ Eulenspiegel seinen Schüler und ließ ihn gehen, wohin ihn seine Natur wies. So zog Eulenspiegel mit dem erhaltenen Geld hinweg und dachte: Solltest du die Esel in Erfurt alle weise machen, das würde viel Zeit kosten. Er mochte es auch nicht gerne tun und ließ es also bleiben.

Wie Eulenspiegel bei Sangerhausen in Thüringen den Frauen die Pelze wusch.

Eulenspiegel kam in das Land Thüringen in das Dorf Nienstetten und bat dort um eine Herberge. Da kam die Wirtin hervor und fragte ihn, was er für ein Gesell wäre. Eulenspiegel sprach: »Ich bin kein Handwerksgesell, sondern ich pflege die Wahrheit zu sagen.« Die Wirtin sprach: »Die beherberge ich gern und bin ihnen sonderlich günstig, welche die Wahrheit sagen.« Und als Eulenspiegel umherblickte, sah er, daß die Wirtin schielte, und er sprach: »Schielende Frau, schielende Frau, wo soll ich sitzen, und wo lege ich meinen Stab und Sack hin?« Die Wirtin sprach: »Ach, daß dir nimmermehr Gutes geschehe! All mein Lebtag hat mich niemand getadelt, daß ich schieläugig bin.« Eulenspiegel sprach: »Liebe Wirtin, soll ich allzeit die Wahrheit sagen, so kann ich das nicht verschweigen.« Die Wirtin war damit zufrieden und lachte. Als nun Eulenspiegel die Nacht dablieb und mit der Wirtin zu plaudern begann, da kam die Sprache darauf, daß er alte Pelze waschen könne. Das gefiel der Frau gut, und sie bat ihn, er möge die Pelze waschen. Sie wollt es ihren Nachbarn sagen, daß sie alle ihre Pelze brächten, damit er sie wüsche. Eulenspiegel sagte: »Ja.« Die Frau rief ihre Nachbarinnen zusammen, und sie brachten alle ihre Pelze. Eulenspiegel sprach:

»Ihr müßt Milch dazu haben.« Die Frauen hatten nach den neuen Pelzen Lust und Verlangen und holten alle Milch, die sie in ihren Häusern hatten. Und Eulenspiegel setzte drei Kessel aufs Feuer und goß die Milch hinein und warf die Pelze dazu und ließ sie sieden und kochen. Als es ihm nun gut deuchte, sprach er zu den Frauen: »Ihr müßt ins Holz gehen und mir weißes Lindenholz holen, und zwar junges, und das dünn abspalten. Bis ihr wiederkommt, will ich die Pelze herausnehmen, denn sie sind nun genug gelaugt, und will sie dann auswaschen, und dazu muß ich das Holz haben.« Die Weiber gingen willig in den Wald, und ihre Kinder liefen neben ihnen her. Sie nahmen sie bei den Händen, sprangen und sagen: »Oho, gute neue Pelze! Oho, gute neue Pelze!« Und Eulenspiegel stand und lachte und sprach: »Ja, wartet, die Pelze sind noch nicht fertig!«

Als die Frauen nun im Holz waren, legte Eulenspiegel noch mehr an und ließ den Kessel mit den Pelzen stehen und ging aus dem Dorf fort. Er soll noch heute wiederkommen und die Pelze auswaschen. Und die Frauen kamen zurück mit dem Lindenholz und fanden Eulenspiegel nicht und bemerkten, daß er hinweg war. Da wollte immer eine vor der andern ihren Pelz aus dem Kessel nehmen, da waren sie ganz verkocht, so daß sie auseinanderfielen. Also ließen sie die Pelze stehen und meinten, er käme noch wieder und würde ihnen die Pelze auswaschen. Er dankte aber Gott, daß er so glimpflich davonkam.

 **Wie Eulenspiegel mit einem Totenkopf umherzog, die Leute damit zu bestreichen.**

In allen Landen hatte sich Eulenspiegel mit seiner Bosheit bekannt gemacht, und wo er einmal gewesen war, da war er nicht mehr willkommen, es wäre denn, daß er sich verkleidete und man ihn nicht erkannte. So kam es letzten Endes, daß er sich mit Müßiggang nicht mehr traute zu ernähren, und war doch guter Dinge von Jugend auf gewesen und hatte Geld genug mit allerlei Gaukelspiel verdient. Da aber seine Schalkheit in allen Landen bekannt ward und sein Erwerb zurückging, da bedachte er, was er treiben sollte, damit er mit Müßiggang weiterhin Geld erwürbe. Und er nahm sich vor, sich für einen Stationierer* auszugeben und mit dem Heiligtum im Lande umherzureiten. Er verkleidete sich mit einem Schüler in eines Priesters Gestalt und nahm einen Totenkopf und ließ ihn in Silber fassen. Er kam in das Land Pommern, wo sich die Priester mehr an das Saufen halten als an das Predigen. Und wenn dann etwa in einem Dorfe Kirchweih war oder Hochzeit oder eine andere Versammlung der Landleute, so machte sich Eulenspiegel an den Pfarrer heran, daß er predigen wollte und den Bauern sein Heiligtum verkünden, auf daß sie sich damit bestreichen ließen. Und das Opfergeld, das er bekäme, wollt er ihm zur Hälfte geben. Die ungelehrten Pfaffen waren wohl damit zufrieden, wenn sie nur Geld bekämen. Und wenn das allermeiste Volk in der Kirche war, stieg Eulenspiegel auf den Predigtstuhl und sagte etwas von dem Alten Testament und zog das Neue Testament auch heran mit der Arche und dem goldenen Eimer, darin das Himmelsbrot lag. Und er kam darauf zu sprechen, daß er das größte Heiligtum hätte. Er sprach dann zwischendurch von dem Haupte des Sankt Brendanus, der ein heiliger Mann gewesen wäre. Und dessen Haupt hätte er da, und es wäre ihm befohlen, damit für den Bau einer neuen Kirche zu sammeln. Und das dürfte nur mit reinem Gut geschehen, bei seinem Leben dürfe er kein Opfergeld nehmen von einer Frau, die eine Ehebrecherin wäre. »Und wenn solche Frauen hier wären, die sollten stille stehen, denn so sie mir etwas opfern würden und des Ehebruchs schuldig wären, so nähme ich es nicht, und sie werden vor mir beschämt stehen. Danach wisset euch zu richten!« Und er gab den Leuten das Haupt zu küssen, das vielleicht eines Schmiedes Haupt gewesen war, das er von einem Kirchhof genommen hatte. Und er gab den Bauern und Bäuerinnen den Segen und ging von der Kanzel und stellte sich vor den Altar, und der Pfarrer fing an zu singen und mit seiner Schelle zu klingeln. Da gingen die bösen mit den guten Weibern zum Altar mit ihrem Opfer; sie drängten sich zum Altar, daß sie keuchten. Und die einen bösen Leumund hatten, an dem auch etwas Wahres war, die wollten die ersten sein mit ihrem Opfer. Da nahm er das Opfer von Bösen und von Guten und verschmähte nichts. Und so fest glaubten die einfältigen Frauen an seine listige, schalkhafte Sache, daß sie meinten, welche Frau still stehen geblieben wäre, die wäre nicht fromm. Desgleichen opferten Frauen, die kein Geld hatten, einen goldenen oder silbernen Ring. Und jede hatte acht auf die andere, ob sie auch opferte. Und jede, die geopfert hatte, meinte, sie hätte ihre Ehre bestätigt und ihren bösen Leumund getilgt. Auch gab es etliche, die zwei- oder dreimal opferten, damit das Volk es sehen und sie aus ihrer bösen Nachrede entlassen solle. Und Eulenspiegel erhielt die schönsten Opfergaben, wie es nie zuvor gehört worden war. Und als er das Opfer hinweggenommen hatte, gebot er bei dem Bann* allen denen, die ihm geopfert hatten, nicht mehr mit Büberei umzugehen, denn sie wären nunmehr ganz frei davon, und wären etliche von ihnen schuldig gewesen, würde er kein Opfer von ihnen empfangen haben. Also wurden die Frauen allenthalben froh. Und wo Eulenspiegel hinkam, da predigte er und wurde dadurch reich, und die Leute hielten ihn für einen tüchtigen Prediger. So gut konnte er seine Schalkheit verbergen.

 **Wie Eulenspiegel die Scharwächter zu Nürnberg wacker machte, daß sie ihm nachfolgten über einen Steg und ins Wasser fielen.**

Eulenspiegel war erfindungsreich in seiner Schalkheit. Nachdem er nun mit dem Totenhaupt weit umhergezogen war und die Leute recht betrogen hatte, kam er gen Nürnberg und wollte da sein Geld verzehren, das er mit dem Heiligtum gewonnen hatte. Als er nun eine Zeitlang da zugebracht und alle Umstände kennengelernt hatte, konnte er von seiner Natur nicht lassen und mußte auch da eine Schalkheit tun. Er sah, daß die Scharwächter* in einem großen Kasten unter dem Rathaus im Harnisch schliefen. Eulenspiegel hatte aber Weg und Steg zu Nürnberg kennengelernt und besonders den Brückensteg zwischen dem Säumarkt und dem Häuslein, wo des Nachts schlecht zu wandeln ist. Denn manche gute Dirne, wenn sie Wein holen will, wird da herumgezerrt.

Also wartete Eulenspiegel mit seinem Schelmenstreich, bis die Leute schlafen gegangen waren und es ganz still war. Da brach er von diesem Steg drei Bohlen ab und warf sie in das Wasser, die Pegnitz genannt, und ging vor das Rathaus und begann zu fluchen und hieb mit dem alten Messer auf das Pflaster, daß das Feuer daraus sprang. Als das die Wächter hörten, waren sie sogleich auf den Beinen und liefen ihm nach. Da rannte er vor den Wächtern her und nahm die Flucht nach dem Säumarkt hin, die Wächter immer hinter ihm drein. Also kam er mit Not vor ihnen an die Stätte, wo er die Bohlen herausgebrochen hatte, und er behalf sich, so gut er konnte, daß er über den Steg kam. Und da er hinübergekommen war, rief er mit lauter Stimme: »Hoho, wo bleibt ihr nun, ihr verzagten Bösewichter?«

Als das die Wächter hörten, liefen sie ihm ohne alles Bedenken nach, und jeder wollte der erste sein. Also fiel einer nach dem andern in die Pegnitz. Die Lücke im Steg war so eng, daß sie sich an allen Stellen die Mäuler zerschlugen. »Hoho!« rief Eulenspiegel, »warum lauft ihr denn nicht? Morgen laufen mir mehr nach! Zu diesem Bad wärt ihr morgen noch früh genug gekommen!« und »Du hättest nicht so sehr zu jagen brauchen, du wärst wohl noch zur rechten Zeit gekommen!« So brach der eine ein Bein, der andere einen Arm, der dritte schlug sich ein Loch in den Kopf, so daß keiner ohne Schaden davonkam.

Als Eulenspiegel nun diesen Streich vollführt hatte, blieb er nicht mehr lange in Nürnberg, sondern zog wieder weiter, denn es war ihm nicht lieb, daß er, wenn es von ihm herauskäme, gestäupt würde. Denn die von Nürnberg möchten es nicht für einen Spaß halten wollen.

Wie Eulenspiegel zu Bamberg um Geld aß.

Mit List verdiente Eulenspiegel einstmals Geld zu Bamberg, als er von Nürnberg kam und sehr hungrig war. Er kam in das Haus einer Wirtin, Frau Königin genannt, die eine fröhliche Wirtin war. Sie hieß ihn willkommen, denn sie sah an seinen Kleidern, daß er ein seltsamer Gast war.

Als man nun des Mittags essen wollte, fragte ihn die Wirtin, wie er es halten wollte, ob er an der gemeinschaftlichen Tafel sitzen oder ob er einzelne Speisen bestellen wollte. Eulenspiegel antwortete, er wäre ein armer Geselle und bäte sie, ihm etwas um Gottes Lohn zu essen zu geben. Die Wirtin sprach: »Freund, an den Fleischbänken und an den Brotbänken gibt man mir nichts umsonst, ich muß Geld dafür geben; darum muß ich das Essen auch um Geld reichen.« Eulenspiegel sprach: »Ach, Frau, es paßt mir auch ganz gut, um Geld zu essen. Wofür und um wieviel soll ich hier essen und trinken?« Die Frau sprach: »An der Herrentafel um vierundzwanzig Pfennig, am Tisch daneben um achtzehn Pfennig und mit meinem Gesinde für zwölf Pfennig.« Darauf antwortete Eulenspiegel: »Frau, das meiste Geld, das dient mir am allerbesten!« und setzte sich an die Herrentafel und aß sich sogleich satt. Als er nun voll war und gut gegessen und getrunken hatte, sprach er zur Wirtin, daß sie ihn abfertige, er müsse wandern, da er nicht viel Zehrung hätte.

»Lieber Gast«, sprach die Frau, »gebt mir für die Mahlzeit vierundzwanzig Pfennige und geht, wohin Ihr wollt, Gott geleite Euch!«

»Nein«, sprach Eulenspiegel, »Ihr sollt mir vierundzwanzig Pfennige geben, wie Ihr gesagt habt, denn Ihr spracht, an der Tafel esse man das Mahl um vierundzwanzig Pfennige. Das hab ich so verstanden, daß ich damit Geld verdienen sollte, denn es ward mir schwer genug. Ich aß, daß mir der Schweiß ausbrach, als wenn es Leib und Leben gegolten hätte. So hätte ich nicht mehr essen können. Darum gebt mir meinen sauren Lohn!« – »Freund«, sprach die Wirtin, »das ist wahr, Ihr habt wohl dreier Mann Kost gegessen, und daß ich Euch dafür lohnen soll, das reimt sich gar nicht. Doch was diese Mahlzeit betrifft, so mögt Ihr meinetwegen gehen. Ich gebe Euch aber kein Geld dazu, das wär verloren, und begehr auch kein Geld von Euch. Komm mir aber nicht wieder, denn sollt ich meine Gäste das Jahr über ebenso speisen und nicht mehr Geld erheben als von Euch, ich müßte auf solche Weise von Haus und Hof lassen!« Da schied Eulenspiegel von dannen und erntete nicht viel Dank.

 **Wie Eulenspiegel gen Rom zog und den Papst besah, der ihn für einen Ketzer hielt.**

Mit durchtriebener Schalkheit war Eulenspiegel geweiht. Als er nun alle Schalkheit versucht hatte, da dachte er an das alte Sprichwort:

   Geh gen Rom, frommer Mann;
   komm zurück dann nequam*!

Also zog er gen Rom. Dort ließ er seine Schalkheit auch sprießen und zog zu einer Witwe in die Herberge. Die sah, daß Eulenspiegel ein schöner Mann war, und fragte ihn, woher er käme. Eulenspiegel sprach, er wäre aus dem Lande zu Sachsen und ein Osterling* und darum nach Rom gekommen, um mit dem Papst zu sprechen. Da sprach die Frau: »Freund, den Papst mögt Ihr wohl sehen, aber ob Ihr mit ihm reden könnt, das weiß ich nicht. Ich bin hier erzogen und geboren und von den obersten Geschlechtern und habe noch nie mit ihm ins Gespräch kommen können. Wie wollt Ihr denn das so bald zuwege bringen? Ich gäbe wohl hundert Dukaten darum, wenn ich mit ihm reden könnte.« Eulenspiegel sprach: »Liebe Wirtin, wenn ich ein Mittel fände, Euch vor den Papst zu bringen, daß Ihr mit ihm reden könntet, wolltet Ihr mir die hundert Dukaten geben?« Die Frau war eifrig und gelobte ihm die hundert Dukaten bei ihrer Ehre, wenn er das zuwege brächte. Aber sie meinte, es wäre ihm unmöglich, solches zu tun, denn sie wußte wohl, daß es viel Müh und Arbeit kosten würde. Eulenspiegel sprach: »Liebe

Wirtin, wenn es nun geschieht, so begehr ich die hundert Dukaten.« Sie sprach: »Ja«, aber sie dachte: Du bist noch nicht vor dem Papst. Eulenspiegel wartete, denn alle vier Wochen mußte der Papst einmal die Messe in der Kapelle lesen, die da heißt Jerusalem zu Sankt Johann Latronnen*. Als nun der Papst die Messe begonnen hatte, drängte sich Eulenspiegel in die Kapelle und so nahe als möglich an den Papst, und als er die Stillmesse hielt, da kehrte Eulenspiegel dem Sakrament den Rücken. Das sahen nun die Kardinäle, und als der Papst den Segen über den Kelch sprach, da kehrte sich Eulenspiegel abermals um. Als nun die Messe aus war, sprachen sie zu dem Papst, daß eine solche Person, ein schöner Mann, in der Kapelle gewesen wäre, der seinen Rücken gegen den Altar gekehrt hätte während der Stillmesse. Der Papst sprach: »Es ist notwendig, daß man dies untersucht, denn es geht die heilige Kirche an. Sollte man den Unglauben nicht strafen, das wäre gegen Gott. Und hat der Mensch solches getan, so ist zu befürchten, daß er in Unglauben lebt und kein guter Christ ist.« Und er ordnete an, man sollte ihn vor ihn bringen.

Die Boten kamen zu Eulenspiegel und sprachen, er müßte vor den Papst kommen. Eulenspiegel ging sofort mit ihnen. Da sprach der Papst, was er für ein Mann wäre. Eulenspiegel antwortete, er wäre ein guter Christenmensch. Der Papst fragte, was er für einen Glauben hätte. Eulenspiegel sagte, er hätte den Glauben, den seine Wirtin hätte, und nannte sie beim Namen, der wohlbekannt war. So befahl der Papst, daß die Frau vor ihn kommen sollte.

Da fragte der Papst die Frau, was sie für einen Glauben hätte. Die Frau sprach, sie glaube den Christenglauben und was ihr die heilige christliche Kirche gebiete und verbiete. Sie hätte keinen andern Glauben. Eulenspiegel stand dabei und begann sich gar umständlich zu verneigen und sprach: »Allergnädigster Vater, du Knecht aller Knechte, denselben Glauben glaube ich auch, ich bin ein guter Christenmensch.« Der Papst sprach: »Warum kehrst du dann dem Altar den Rücken in der Stillmeß?« Eulenspiegel sprach: »Allerheiligster Vater, ich bin ein armer, großer Sünder, und ich zieh mich meiner Sünde, daß ich das zu sehen nicht würdig wäre, bis ich meine Sünde gebeichtet hätte.« Damit war der Papst zufrieden, verließ Eulenspiegel und ging in seinen Palast.

Und Eulenspiegel ging in seine Herberge und mahnte seine Wirtin um die hundert Dukaten, die sie ihm geben mußte. Eulenspiegel blieb nach wie vor Eulenspiegel und ward von der römischen Fahrt nicht viel besser.

 **Wie Eulenspiegel die Juden zu Frankfurt am Main um tausend Gulden betrog, indem er ihnen seinen Dreck als Prophetenbeeren verkaufte.**

Niemand soll betrübt sein, wenn den arglistigen Juden ein Auge zugehalten wird. Als Eulenspiegel aus Rom kam, reiste er nach Frankfurt am Main, wo eben Messe war. Eulenspiegel ging hin und her und sah, was jeder für Kaufmannswaren feilhielt. Nun gewahrte er einen jungen starken Mann, der hatte gute Kleider an und hatte einen kleinen Kramstand mit Bisam aus Alexandria, den er übermaßen teuer feilhielt. Da dachte Eulenspiegel: »Ich bin auch ein fauler starker Schelm, der nicht gerne arbeitet. Könnte ich mich auch so leicht ernähren wie dieser, das gefiele mir wohl.«

Also lag er des Nachts ohne Schlaf und dachte nach und spekulierte über seinen Erwerb. Da biß ihn ein Floh in den Hintern. Nach dem krabbelte er schnell und fand etliche Knötlein im Hintern. Da dachte er: Das muß der Groppen* eine sein, die man »Lexuluander«* nennt, von denen der Bisam herkommt. Als er nun des Morgens aufstand, kaufte er grünen und roten Zindel* und band die Knötlein darein. Er verschaffte sich eine Bank, wie sie die Krämer zu haben pflegen, und kaufte sich noch andere Spezereien dazu und schlug seinen Kram vor dem Römer auf.

Da kamen viel Leute zu ihm und besahen seine seltsame Ware und fragten ihn, was er Wunderliches feilhalte, denn es war ein sonderbarer

Kaufmannsschatz. Er war in Bündel gebunden wie Bisam und roch gar seltsam. Aber Eulenspiegel gab niemand rechten Bescheid über seine Kaufmannsware, so lange bis drei reiche Juden zu ihm kamen und nach seiner Ware fragten. Denen gab er zur Antwort, es wären echte Prophetenbeeren, und wer davon eine in den Mund nähme und darnach in die Nase steckte, der könnte von Stund an wahrsagen. Da traten die Juden zurück und ratschlagten eine Weile. Zuletzt sprach der alte Jude: »Damit vermöchten wir wohl zu prophezeien, wann unser Messias kommen sollte, was uns Juden ein kleiner Trost wäre.« Und sie beschlossen, die ganze Ware aufzukaufen, wieviel sie auch dafür geben müßten. Also gingen sie darauf wieder zu Eulenspiegel und sprachen: »Kaufmann, was soll der Prophetenbeere eine kosten, mit einem Wort?« Eulenspiegel bedachte sich kurz: Fürwahr, wenn ich Ware habe, so beschert mir Gott Kaufleute. Den Juden dient diese Kost wohl. Und er sprach zu ihnen: »Ich geb eine für tausend Gulden. Wenn ihr die nicht geben wollt, so geht hinweg und laßt mir den Dreck stehen!«

Um nun Eulenspiegel nicht zu erzürnen und seine Ware zu bekommen, zahlten sie ihm alsbald das Geld und nahmen eine der Beeren. Sie gingen eilends nach Hause und ließen alle Juden, alt und jung, zur Schule klopfen. Als sie nun zusammenkamen, da stand ihr Rabbi auf, der älteste Jude Akiba, und sprach, wie sie durch den Willen Gottes eine Prophetenbeere bekommen hätten. Die sollt einer der Ihrigen in den Mund nehmen und die Zukunft des Messias verkündigen, auf daß ihnen Heil und Trost davon käme. So sollten sich alle darauf einstellen mit Fasten und Beten, und nach dreien Tagen sollte es Isaak mit großer Reverenz einnehmen.

Das geschah so. Als nun Isaak es im Munde hatte, fragte ihn Moses: »Lieber Isaak, wie schmeckt es doch?« Da antwortete er: »Der heilige Geist erfüllt mich, die Wahrheit zu sagen. Aber nehmt es auch in den Mund, ihr anderen Gottesdiener, auf daß ihr wie ich die Wahrheit verkünden könnt!« Das taten sie denn, und wer gekostet hatte, sagte sich: Der Geist der Prophetie ist in mir: Wir sind betrogen worden, das ist nichts anderes als Dreck! Und sie kosteten so lange die Prophetenbeere, bis sie das Holz sähen, darauf die Beere gewachsen war. Und Eulenspiegel war auf und davon und schlemmte redlich, solange der Juden Geld langte.

 **Wie Eulenspiegel zu Quedlinburg Hühner kaufte und der Bäuerin ihren eigenen Hahn zum Pfande ließ für das Geld.**

Früher waren die Leute durchaus nicht so gewitzigt wie jetzt, besonders die Landleute. Einmal kam Eulenspiegel gen Quedlinburg, da war gerade Markt, und Eulenspiegel hatte nicht viel Zehrgeld. Denn wie er sein Geld gewann, brachte er's auch wieder durch. Und er dachte nach, wie er wieder zu Zehrung kommen könne. Nun saß da eine Bauersfrau auf dem Markte, die hielt einen Korb voll guter Hühner und einen Hahn feil. Eulenspiegel fragte sie, was das Paar kosten solle. Sie antwortete ihm: »Das Paar zwei Stephansgroschen.« Eulenspiegel sprach: »Wollt Ihr sie mir nicht billiger lassen?« Die Frau sprach: »Nein.« Also nahm Eulenspiegel die Hühner mit dem Korb und ging auf das Burgtor zu. Da lief ihm die Frau nach und sprach: »Käufer, wie soll ich das verstehen? Willst du mir die Hühner nicht bezahlen?« Eulenspiegel sprach: »Ja, gern, ich bin der Äbtissin Schreiber.« – »Danach frag ich nicht«, sprach die Bäuerin, »willst du die Hühner haben, so bezahl sie! Ich will mit deinem Abt oder deiner Äbtissin nichts zu schaffen haben. Mein Vater hat mich gelehrt, ich soll von denen nichts kaufen noch ihnen verkaufen oder borgen, vor denen man sich neigen oder die Kappe ziehen muß. Darum bezahl mir die Hühner! Hörst du wohl?« Eulenspiegel sprach: »Frau, Ihr seid kleingläubig! Es wäre nicht gut, wenn alle Kaufleute so wären. Sonst müßten die guten Stallbrüder* übel bekleidet einhergehen. Aber damit Ihr des Eurigen gewiß seid, so nehmt hier den Hahn zum Pfand, bis ich Euch den Korb und das Geld bringe!«

Die gute Frau meinte, sie wäre wohl versorgt, und nahm ihren eigenen Hahn zum Pfand. Aber sie ward betrogen. Denn Eulenspiegel blieb mit den Hühnern und mit dem Geld aus. Da ging es ihr wie denen, die ihre Sache aufs allergenaueste besorgen wollen und sich allezeit zuallererst selbst bescheißen.

Also schied Eulenspiegel von dannen und ließ die Bäuerin sich sehr erzürnen über den Hahn, der sie um die Hühner gebracht hatte.

 **Wie der Pfarrer von Hohenengelsheim Eulenspiegel eine Wurst wegfraß, die ihm hernach nicht wohl bekam.**

Als Eulenspiegel zu Hildesheim war, kaufte er eine gute Rotwurst in der Metzgerei und ging weiter gen Engelsheim. Dort war er mit dem Pfarrer gar wohl bekannt. Und es war an einem Sonntagmorgen, als er dort ankam. Der Pfarrer hielt die Frühmesse, damit er zeitig essen könne. Da ging Eulenspiegel in die Pfarre und bat die Köchin, daß sie ihm die Rotwurst briete. Die Köchin sprach: »Ja.« Hierauf ging Eulenspiegel in die Kirche, es war gerade die Frühmesse aus, und ein anderer Priester fing das Hochamt an. Das hörte Eulenspiegel ganz zu Ende.

Derweil war der Pfarrer nach Haus gegangen, und er sprach zu der Magd: »Ist hier nichts gar gekocht, daß ich einen Bissen essen könnte?« Die Köchin sprach: »Es ist noch nichts gekocht als eine Rotwurst, die Eulenspiegel brachte, die ist gar. Er wollte sie essen, wenn er aus der Kirche käme.« Der Pfarrer sprach: »Lang mir die Wurst, ich will einen Bissen davon essen!« Die Magd langte ihm die Wurst, und dem Pfarrer schmeckte sie so wohl, daß er sie ganz auffraß und zu sich selber sprach: »Segne es mir Gott, es hat mir wohl geschmeckt, die Wurst ist gut gewesen.« Zu der Magd aber sagte er: »Gib Eulenspiegel Speck und Kohl zu essen, wie er es gewöhnt ist! Das bekommt ihm viel besser.«

Und als das Amt zu Ende war, ging Eulenspiegel wieder in den Pfarrhof und wollte von seiner Wurst essen. Da hieß ihn der Pfarrer willkommen und dankte ihm für die Wurst und sagte, wie sie ihm so gut geschmeckt hätte, und setzte ihm Speck und Kohl vor. Eulenspiegel schwieg still und aß, was da gekocht war, und ging am Montag wieder hinweg. Der Pfarrer rief Eulenspiegel nach: »Hörst du, wenn du wiederkommst, so bring zwei Würste mit, eine für mich und eine für dich! Was du dafür gibst, das will ich dir wiedergeben, und so wollen wir redlich schlemmen, daß uns die Mäuler schäumen.« Eulenspiegel sprach: »Ja, Herr, es soll geschehen. Ich will Euer wohl gedenken mit den Würsten.«

Da ging er wieder nach der Stadt Hildesheim, und es kam ihm sehr gelegen, daß die Schinder eine tote Sau zur Aasgrube führten. Da bat Eulenspiegel den Schinder, er möge Geld nehmen und ihm zwei Rotwürste von der Sau machen. Und er zahlte ihm dafür etliche Silberpfennige. Das tat der Schinder und machte ihm zwei schöne Rotwürste. Die nahm Eulenspiegel und sott sie halb gar, wie man mit Würsten zu tun pflegt. Des andern Sonntags ging er wieder gen Engelsheim, und es trug sich, daß der Pfarrer wieder die Frühmesse hielt. Da ging Eulenspiegel auf den Pfaffhof und brachte die Würste der Köchin und bat sie, daß sie die Würste briete für den Imbiß. Der Pfarrer solle die eine haben und er die andere. Und er ging darauf in die Kirche. Also tat die Magd die Würste auf das Feuer und briet sie. Und als die Messe aus war, da ward der Pfarrer Eulenspiegels gewahr und ging alsbald aus der Kirche in den Pfarrhof und sprach: »Eulenspiegel ist hier! Hat er auch die Würste mitgebracht?« Die Köchin sprach: »Ach ja, zwei so schöne Würste, wie ich noch kaum gesehen habe! Sie sind auch gleich alle beide gebraten.« Und sie ging und nahm die eine von der Glut und ward auf die Wurst auch gelüstig, so gut wie der Pfarrer, und sie setzten sich beide zusammen nieder.

Und während sie so begierig die Würste aßen, begannen ihnen die Mäuler zu schäumen. Da hätte einer sehen und hören können, daß der Pfarrer zu der Magd sprach: »Ach, meine liebe traute Magd, sieh, wie schäumt dir der Mund!« Und die Magd hinwieder sprach zu dem Pfarrer: »Ach, lieber Herr, gleich steht's um Euren Mund auch so!« Darüber kam Eulenspiegel aus der Kirche zurück. Da sprach ihn der Pfarrer an: »Sieh, was hast du für Würste gebracht! Sieh wie mir und meiner Köchin die Münder schäumen!« Eulenspiegel lachte und sprach: »Gott segne es Euch, Herr Pfarrer, Euch geschieht nach Euerm Begehren, als Ihr mir nachrieft, ich soll zwei Würste bringen, so wolltet Ihr essen, daß Euch der Mund schäume. Aber des Schäumens achte ich nicht, wenn nicht das Kotzen nachfolgt. Ich verstehe mich darauf, es wird bald kommen. Denn wovon die zwei Würste gemacht sind, das war eine Sau, die schon vier Tage tot war. Darum mußte ich das Fleisch sauber seifen. Und davon kommt Euch das Schäumen.«

Die Köchin hub an zu brechen und spie über den Tisch hinüber. Desgleichen tat der Pfarrer und sprach: »Geh schnell aus meinem Haus, du Schalk und Bube!« und ergriff einen Knüttel und wollt ihn schlagen.

Eulenspiegel sprach: »Das steht einem frommen Mann nicht wohl an! Ihr hießet mich doch die Würste bringen und habt sie beide gegessen und wollt mich jetzt mit Knütteln schlagen. Bezahlt mir doch zuerst die beiden Würste! Ich schweige von der dritten.« Der Pfarrer ward zornig und tobte sehr und sprach, er sollte fürderhin seine faulen Würste, die er von der Aasgrube geholt hätte, selber essen und nicht in sein Haus bringen. Eulenspiegel sprach: »Ich habe sie Euch doch ohne Euren Willen nicht in den Leib gesteckt. Ich freilich möchte diese Würste nicht. Aber die erste hätte ich wohl gemocht, die habt Ihr mir entgegen meinen Willen gegessen, so eßt auch die schlechten Würste hinterher!« Und er sprach: »Ade, gute Nacht!«

 **Wie Eulenspiegel dem Pfarrer zu Kissenbrück sein Pferd abschwatzte mit einer falschen Beichte.**

Böser Schalkheit ließ sich Eulenspiegel nicht verdrießen in dem Dorfe Kissenbrück im Asseburger Gerichtsbezirk. Da wohnte auch ein Pfarrer, der eine gar schöne Köchin hatte und dazu ein kleines, säuberliches, wackeres Pferd. Die hatte der Pfarrer alle beide lieb, das Pferd und auch die Magd. Nun war der Herzog von Braunschweig zu der Zeit zu Kissenbrück und hatte den Pfarrer durch andere Leute bitten lassen, ihm das Pferd zu überlassen, er wollt ihm mehr, als es wert wäre, dafür geben. Der Pfarrer schlug es aber dem Fürsten allezeit ab, weil er das Pferd nicht hergeben wollte, denn so lieb hätte er das Pferd. Der Fürst durfte ihm das Pferd nicht nehmen lassen, denn die Gerichtsbarkeit stand unter dem Rat zu Braunschweig.
Eulenspiegel hatte die Sache wohl vernommen und verstanden und sprach zu dem Fürsten: »Gnädiger Herr, was wollt Ihr mir schenken, wenn ich Euch das Pferd von dem Pfaffen zu Kissenbrück verschaffe?« – »Bringst du das fertig«, sprach der Herzog, »so will ich dir den Rock geben, den ich anhabe.« Er war von rotem Kamelot, mit Perlen bestickt. Das nahm Eulenspiegel an und ritt von Wolfenbüttel in das Dorf, bei dem Pfarrer zu herbergen. Eulenspiegel war wohl bekannt in des Pfarrers Haus, denn er war zuvor oft bei dem Pfarrer gewesen und ihm willkommen. Als er nun etwa drei Tage dagewesen war, gebärdete er sich, als ob er ganz krank wäre, und ächzte laut und legte sich nieder. Dem Pfaffen und seiner Köchin tat es leid, und sie wußten keinen Rat, wie sie sich verhalten sollten. Zuletzt ward Eulenspiegel so krank, daß ihm der Pfarrer zusprach und ihn ermahnte, zu beichten und das Abendmahl zu nehmen. Dazu war Eulenspiegel fast geneigt. Da wollte der Pfarrer ihm selber die Beichte abnehmen und ihn aufs schärfste fragen, und er

sprach, er sollte das Heil seiner Seele bedenken, denn er hätte sein Leben lang viel Abenteuer getrieben, so daß er beunruhigt sei, ob ihm Gott seine Sünden vergeben wolle. Eulenspiegel sprach ganz kränklich und sagte zu dem Pfarrer, er wisse nicht mehr, das er getan hätte, als *eine* Sünde, die dürft er ihm nicht beichten. Er solle ihm einen anderen Pfaffen holen, dem wollte er sie beichten. Denn wenn er ihm die offenbarte, so besorgte er, daß er darum zürnen würde.

Als der Pfarrer das hörte, meinte er, es müsse etwas Besonderes dahinterstecken, und das wollte er wissen. Und er sprach: »Lieber Eulenspiegel, der Weg ist weit, ich kann den andern Pfaffen so schnell nicht herbeiholen. So du aber inzwischen stürbest, so hätten du und ich vor Gott dem Herrn die Schuld, wenn es deshalb mit dir versäumt würde. Darum sage mir das! Die Sünde wird so schwer nicht sein, ich will dich davon freisprechen. Was hülf es auch, wenn ich bös würde? Ich darf die Beichte doch nicht verraten.« Da sprach Eulenspiegel: »So will ich es wohl beichten. Die Sünd ist auch so schwer nicht; es ist mir nur leid, daß Ihr zornig werdet, denn es betrifft Euch.« Da verlangte es den Pfaffen noch mehr, es zu wissen, und er sprach, wenn er ihm etwas gestohlen hätte oder ihm Schaden getan oder was es auch sei, daß er's nur beichte, er wollte es ihm vergeben und ihn nimmer darum hassen. »Ach, lieber Herr«, sprach Eulenspiegel, »ich weiß, Ihr werdet mir darum zürnen. Doch ich empfinde und fürchte, daß ich bald von hinnen scheiden muß, darum will ich es euch sagen; Gott verhüte, daß Ihr böse werdet! Lieber Herr, das ist es: Ich habe bei Eurer Magd geschlafen.« Der Pfaff fragte, wie oft das geschehen wäre. Eulenspiegel sprach: »Nur fünfmal.« Der Pfaff dachte: Dafür soll sie fünf Beulen bekommen! Er absolvierte Eulenspiegel sogleich und ging in die Kammer, ließ seine Magd zu sich kommen und fragte sie, ob sie bei Eulenspiegel geschlafen hätte. Die Köchin sprach: »Nein, das ist gelogen.« Der Pfaff sprach, er hätte ihm doch das gebeichtet und er glaube es ihm auch. Sie sprach: »Nein«, er sprach: »Ja« und erwischte einen Stecken und schlug sie braun und blau. Eulenspiegel lag im Bett und lachte und dachte bei sich selbst: Nun wird das Spiel gut werden.

Er lag den ganzen Tag so. In der Nacht aber wurde er gesund und stand des Morgens auf und sprach, es sei besser mit ihm, er müsse in ein anderes Land. Der Pfarrer möge berechnen, was er während seiner Krankheit verzehrt habe. Der Pfaff rechnete mit ihm, war aber in seinem Sinn so irr, daß er nicht wußte, was er tat, nahm das Geld und nahm doch kein Geld und war zufrieden, daß Eulenspiegel nur von dannen wanderte. Desgleichen auch die Köchin, die doch um seinetwillen geschlagen worden war. Als nun Eulenspiegel zu gehen bereit war, sprach er zu dem Pfaffen: »Herr, seid daran erinnert, daß Ihr die Beichte verraten habt! Ich will gen Halberstadt zum Bischof und will von Euch berichten.« Der Pfaff vergaß seiner Bosheit, als er hörte, daß Eulenspiegel ihn in Verlegenheit bringen wollte, und bat ihn ernstlich zu schweigen. Es wär im Jähzorn geschehen. Er wollt ihm 20 Gulden geben, daß er ihn nicht verklagte. Eulenspiegel sprach: »Nein, ich will nicht 100 Gulden nehmen, das zu verschweigen. Ich will gehen und will es vorbringen, wie es sich gebührt.« Der Pfaff bat die Magd mit tränenden Augen und sagte, sie solle fragen, was Eulenspiegel von ihm haben möchte. Das wolle er ihm geben. Schließlich sprach Eulenspiegel, wolle er ihm das Pferd geben, so wollte er schweigen, und es sollte unangezeigt bleiben. Er wolle aber nichts anderes nehmen als das Pferd. Der Pfaff hatte das Pferd sehr lieb, er hätte ihm lieber alle seine Barschaft gegeben, als von dem Pferd zu lassen. Und er überließ es ihm gegen seinen Willen, denn die Not brachte ihn dazu.

Er gab Eulenspiegel das Pferd und ließ in damit fortreiten. Nun ritt Eulenspiegel mit des Pfaffen Pferd gen Wolfenbüttel. Als er auf den Damm kam, stand der Herzog auf der Zugbrücke und sah Eulenspiegel mit dem Pferd dahertraben. Sofort zog der Fürst den Rock aus, den er Eulenspiegel versprochen hatte, ging auf ihn zu und sprach: »Schau her, mein lieber Eulenspiegel, hier ist der Rock, den ich dir versprochen habe!« Da sprang er von dem Pferd und sprach: »Gnädiger Herr, hier ist Euer Pferd.« Und er hatte sich den Dank des Herzogs verdient und mußte ihm erzählen, wie er das Pferd dem Pfaffen abgeluchst hätte. Darüber lachte der Fürst, und er war fröhlich und gab Eulenspiegel ein anderes Pferd zu dem Rock. Der Pfarrer aber trauerte um das Pferd und schlug die Magd oft übel darum, so daß sie ihm zuletzt entlief. Da war er ihrer beider ledig, des Pferdes und der Magd.

 **Wie Eulenspiegel sich zu einem Schmied verdingte, und wie er ihm die Bälge in den Hof trug.**

Eulenspiegel kam nach Rostock im Lande Mecklenburg und verdingte sich als ein Schmiedeknecht. Der Schmied hatte eine Redensart. Wenn ein Knecht tüchtig mit den Bälgen blasen sollte, sprach er: »Haho, folg mit den Bälgen!«*

Nun stand Eulenspiegel auf den Bälgen und blies. Da sprach der Schmied zu Eulenspiegel mit harten Worten: »Haho, folg mit den Bälgen nach!« Und der Schmied ging mit den Worten auf den Hof und wollte sich seines Wassers entledigen. Also nahm Eulenspiegel den einen Balg auf den Hals und folgte dem Meister nach in den Hof und sprach: »Meister, hier bring ich den Balg, wo soll ich ihn hintun? Ich will gehn und den andern auch bringen.« Der Meister sah sich um und sprach: »Lieber Knecht, so meinte ich es nicht. Geh hin und leg den Balg wieder an seine Stelle, wo er zuvor lag!« Das tat Eulenspiegel und trug ihn wieder an seine Stelle.

Da bedachte der Meister, wie er ihm das belohnen möchte, und ward mit sich selbst eins, daß er fünf Tage lang wollte alle Mitternacht aufstehen und den Knecht wecken und arbeiten lassen. Und er weckte die Knechte und ließ sie schmieden. Eulenspiegels Mitknecht begann zu sprechen: »Was bezweckt unser Meister damit, daß er uns so früh weckt? Es ist erst Mitternacht.« Der Meister sprach: »Es ist meine Art, daß meine Knechte die ersten Tage nicht länger liegen sollten auf meinen Betten als eine halbe Nacht.« Eulenspiegel schwieg still, und sein Kumpan durfte nicht sprechen, bis zur nächsten Nacht. Da weckte sie der Meister abermals zu Mitternacht. Eulenspiegels Kumpan ging arbeiten, Eulenspiegel nahm das Bett und band es sich auf den Rücken, und als das Eisen heiß war, kam er eilends von der Bühne* zu dem Amboß gelaufen und schlug zu, daß die Funken ins Bett stoben. Der Schmied sprach: »Nun sieh, was tust du da? Bist du toll geworden? Kann das Bett nicht liegen bleiben, wo es liegen soll?« Eulenspiegel sprach: »Meister, zürnet nicht, es ist meine Art in den ersten Wochen, daß ich eine halbe Nacht auf dem Bett liegen will, die andere halbe Nacht soll das Bett auf mir liegen.« Der Meister ward zornig und sprach zu ihm, er solle das Bett wieder hintragen, wo er's hergenommen hätte, und sprach weiter zu ihm in jähem Zorn: »Fort mit dir da oben aus dem Haus, du verdammter Schalk!« Eulenspiegel sprach: »Ja« und ging auf die Bühne und legte das Bett dorthin, wo er es hergenommen hatte. Und er holte eine Leiter und stieg in den First und brach das Dach oben auf, kletterte auf die Dachlatten, nahm die Leiter und zog sie nach sich und setzte sie vom Dach auf die Straße und stieg hinab und ging davon.

Der Schmied hörte, daß er polterte, ging ihm mit dem andern Knecht auf die Bühne nach und sah, daß er das Dach aufgebrochen hatte und hinausgestiegen war. Da ward er noch zorniger und suchte den Spieß und wollte aus dem Hause, ihm nachrennen. Der Knecht hielt den Meister zurück und sprach zu ihm: »Meister, nicht also, laßt Euch sagen! Er hat doch nichts anderes getan, denn was Ihr ihn geheißen habt. Ihr spracht zu ihm, er sollt Euch ›da oben aus dem Haus‹ gehen, und das hat er getan, wie Ihr seht.« Der Schmied ließ sich überreden. Und was wollte er auch dazu tun? Eulenspiegel war hinweg, und der Meister mußte das Dach wieder flicken lassen und des zufrieden sein. Der Knecht sprach: »An solchen Kumpanen ist nicht viel zu gewinnen. Wer Eulenspiegel nicht kennt, der habe nur mit ihm zu tun, so lernt er ihn kennen.«

 **Wie Eulenspiegel einem Schmied Hämmer und Zangen und andres Werkzeug zusammenschmiedete.**

Als nun Eulenspiegel von dem Schmied kam, da ging es dem Winter entgegen, und der Winter war kalt. Es fror hart, und dazu kam eine teure Zeit, so daß viele Dienstknechte ohne Arbeit waren und Eulenspiegel kein Geld zur Zehrung hatte. So wanderte er weiter und kam in ein Dorf, in dem auch ein Schmied wohnte, der nahm ihn als einen Schmiede-

knecht auf. Aber Eulenspiegel hatte keine große Lust, dort als Schmiedeknecht zu bleiben; doch der Hunger und des Winters Not zwangen ihn dazu. Er dachte: Leide, was du leiden kannst, so lange, bis der Finger wieder in die lockere Erde geht, und tu, was der Schmied will! Der Schmied wollte ihn nicht gerne aufnehmen, wegen der teuren Zeit. Doch bat Eulenspiegel den Schmied, daß er ihm zu arbeiten gebe, er wollte alles tun, was er wollte, dazu essen, was niemand essen wolle. Nun war der Schmied ein arger Mann, dazu spöttisch, und dachte: Nimm ihn auf, versuche es mit ihm achte Tage, in dieser Zeit kann er dich nicht arm essen. Des Morgens begannen sie zu schmieden, und der Schmied drängte Eulenspiegel mit dem Hammer und mit den Bälgen heftig bis zur Mahlzeit, da es Mittag ward. Nun hatte der Schmied einen Abort auf dem Hof, und als sie zu Tisch gehen wollten, nahm der Schmied Eulenspiegel in den Hof, führte ihn zum Abort und sagte dort zu ihm: »Sieh her, du sprichst, du wolltest essen, was ich will, auf daß ich dir zu arbeiten gebe, und dies mag niemand essen, das iß du nun alles!« Und er ging in das Haus und aß etwas und ließ Eulenspiegel bei dem Abort stehen. Eulenspiegel schwieg still und dachte: Du hast dich verrannt, hast solches und Böseres auch an viel anderen Leuten getan. Mit dem Maße wird nun dir wieder gemessen! Wie willst du nun ihm das heimzahlen? Das muß heimgezahlt werden, und wär der Winter noch so hart. Eulenspiegel arbeitete für sich bis an den Abend, da gab ihm der Schmied etwas zu essen, denn er hatte den Tag gefastet, und ihm ging es nicht aus dem Kopf, daß der Schmied ihn an den Abort gewiesen hatte. Als nun Eulenspiegel zu Bett gehen wollte, sprach der Schmied zu Eulenspiegel: »Steh morgen auf, die Magd soll den Blasebalg ziehen, und schmied eins fürs andere, was du hast, und hau Hufnägel ab, solange ich aufsteh!« Da ging Eulenspiegel schlafen. Und als er aufstand, dachte er, er wollte es ihm heimzahlen, und sollte er bis an die Knie im Schnee laufen.

Er machte ein heftig Feuer und nahm die Zange und schweißte sie an den Sandlöffel und fügte sie zusammen, desgleichen zwei Hämmer und den Feuerspieß und den Speerhaken, und er nahm den Napf, in dem die Hufnägel lagen, schüttete die Hufnägel heraus und hieb ihnen die Köpfe ab und tat die Köpfe zusammen und die Stifte gleichfalls. Und er nahm seinen Schurz, als er hörte, daß der Schmied aufstand, und ging hinweg. Der Schmied kam in die Werkstatt und sag, daß den Hufnägeln die Köpfe abgehauen und Hammer und Zangen und andere Stücke zusammengeschmiedet waren. Da ward er zornig und rief zur Magd, wo der Knecht hingegangen wäre. Die Magd sagte, er wäre vor die Tür gegangen. Der Schmied fluchte und sagte: »Er ist gegangen wie ein niederträchtiger Schalk! Wüßte ich, wo er wäre, ich wollte ihm nachreiten und ihm eine gute Schlappe schlagen.« Die Magd sagte: »Er schrieb etwas über die Tür, als er hinwegging, das sieht aus wie eine Eule.« Denn Eulenspiegel hatte die Gewohnheit, wenn er irgendwo eine Büberei tat, wo man ihn nicht kannte, so nahm er Kreide oder Kohle und malte über die Tür eine Eule und einen Spiegel und schrieb darüber etwas Lateinisches: Hic fuit*. Und das malte Eulenspiegel auch über des Schmiedes Tür.

Als nun der Schmied des Morgens aus dem Hause ging, da fand er das so, wie ihm die Magd gesagt hatte. Doch der Schmied konnte die Schrift nicht lesen und ging zum Kirchherrn und bat ihn, daß er mit ihm ginge und die Schrift über seiner Tür läse. Der Kirchherr ging mit dem Schmied vor dessen Tür und sah die Schrift und das Gemälde. Da sprach er zu dem Schmied: »Das bedeutet soviel als: Hier ist Eulenspiegel gewesen.« Und der Kirchherr hatte viel von Eulenspiegel gehört, was er für ein Gesell wär, und schalt den Schmied, daß er es ihm nicht zu willen getan hätte. Da ward der Schmied bös auf den Kirchherrn und sagte: »Wie sollte ich Euch das zu wissen tun, was ich selber nicht wußte? Aber ich weiß nun wohl, daß er in meinem Hause gewesen ist, das sieht man nur zu gut an meinem Werkzeug. Wenn er nur nimmer wiederkommt, daran ist mir wenig gelegen!« Und er nahm die Kohlenquaste und wischte das über der Tür aus und sagte: »Ich will keines Schalks Wappen an meiner Türe haben.« Da ging der Kirchherr von dannen und ließ den Schmied stehen. Aber Eulenspiegel blieb aus und kam nicht wieder.

 **Wie Eulenspiegel einem Schmied, seiner Frau, dem Knecht und der Magd jeglichem eine Wahrheit sagte vor dem Hause.**

Als Eulenspiegel den Schmied verlassen hatte, kam er an einem heiligen Tage nach Wismar. Da sah er vor der Schmiede eine saubere Frau, das war des Schmiedes Frau, mit der Magd stehen. Er kehrte in der Herberge gegenüber ein, brach in der Nacht seinem Pferde alle vier Hufeisen ab und zog am andern Tag vor die Schmiede. Und es ward erkannt, daß es Eulenspiegel war. Als er nun in die Schmiede kam, eilten die Frau und die Magd Eulenspiegels wegen nach vorn auf die Diele, auf daß sie sehen möchten, was Eulenspiegel anstellen würde. Eulenspiegel sprach zu dem Schmied, ob er ihm sein Pferd beschlagen wollte. »Ja« sagte der Schmied, und es war ihm lieb, daß er mit ihm reden konnte.
Da kamen sie zusammen ins Gespräch, und der Schmied sagte, wenn er ihm ein wahres Wort sagen könnte, das wahrhaftig wäre, so wollt er seinem Pferd ein Hufeisen geben. Eulenspiegel sagte: »Ja« und sprach:

>»Wenn Ihr habt Eisen und Kohlen,
>Und Wind in die Bälge zieht,
>So seid Ihr der rechte Schmied.«

Der Schmied sagte: »Das ist wirklich wahr« und gab ihm ein Hufeisen. Der Knecht schlug dem Pferde das Eisen auf und sprach zu Eulenspiegel im Notstall*, könnt er ihm auch ein wahres Wort sagen, das ihn beträfe, so wollt er seinem Pferd auch ein Hofeisen geben. Eulenspiegel sagte: »Ja« und sprach:

> »Ein Schmiedeknecht und sein Kumpan,
> Die müssen beide hart heran,
> Wenn sie in der Arbeit stahn.«

Der Knecht sagte: »Das ist auch wahr« und gab ihm auch ein Hufeisen. Als das die Frau und die Magd sahen, drängten sie sich hinzu, daß sie mit Eulenspiegeln auch ins Gespräch kämen, und sprachen zu ihm, wenn er ihnen auch ein wahres Wort sagen könnte, so wollten sie ihm auch jede ein Hufeisen geben. Eulenspiegel sagte: »Ja« und sprach zu den Frauen:

> »Frauen, die viel vor den Türen stehn
> Und ihre Augen gern verdrehn,
> Wenn sie nur die Gelegenheit hätten,
> Sie wären nicht Fisch bis auf die Gräten.«

Die Frau sprach: »Das ist gewiß wahr« und gab ihm auch ein Hufeisen. Darauf sagte er zu der Magd: »Mägdelein, wenn du issest, so hüte dich vor Rindfleisch, so brauchst du nicht in den Zähnen zu stochern, und es tut dir auch dein Bauch nicht weh!« Die Magd sprach: »Ei, behüt uns Gott, was für ein wahres Wort das ist!« und gab ihm auch ein Hufeisen. Also ritt Eulenspiegel von dannen, und sein Pferd ward ihm wohl beschlagen.

 **Wie Eulenspiegel einem Schuhmacher diente und ihn fragte, was für Formen er zuschneiden solle, und ihm das Leder verdarb.**

Einstmals diente Eulenspiegel bei einem Schuhmacher, der viel lieber auf dem Markt umherschlich, als daß er arbeitete, und er hieß Eulenspiegel das Leder zuschneiden. Eulenspiegel fragte, was für eine Form er haben wollte. Der Schuhmacher sagte: »Schneide zu, groß und klein, wie es der Schweinehirt zum Dorf hinaustreibt.« Eulenspiegel sagte: »Ja.« Der Schuhmacher ging aus, und Eulenspiegel schnitt zu und machte von dem Leder Schweine, Ochsen, Kälber, Schafe, Geißen, Böcke und allerlei Vieh. Der Meister kam des Abends heim und wollte sehen, was sein Knecht zugeschnitten hätte. Da fand er diese Tiere von dem Leder geschnitten. Er ward böse und sprach zu Eulenspiegel: »Was hast du daraus gemacht, wie hast du mir das Leder so unnütz zerschnitten?«

Eulenspiegel sagte: »Lieber Meister, ich hab es gemacht, wie Ihr es gern habt.« Der Meister sprach: »Das lügst du, ich wollte es nicht haben, daß du es verderben solltest, das hab ich dich nicht geheißen!« Eulenspiegel sprach: »Meister, was zürnt Ihr? Ihr sagtet zu mir, ich sollte von dem Leder klein und groß schneiden, wie es der Schweinehirt aus dem Tore triebe; das habe ich getan, wie Ihr seht.« Der Meister sprach: »So meinte ich das nicht, ich meinte, es sollten kleine und große Schuhe sein, und du solltest die nähen, einen nach dem andern.« Eulenspiegel sprach: »Hättet Ihr mich das geheißen, so hätt ich das gern getan und tue es noch gern.«

Nun, Eulenspiegel und sein Meister vertrugen sich wieder miteinander, und der Meister vergab ihm das Zuschneiden, denn Eulenspiegel gelobte ihm, er wolle es ihm machen, wie er es ihn hieß. Da schnitt der Schuhmacher Sohlenleder zu, legte das Eulenspiegel vor und sagte: »Sieh, nähe die kleinen mit den großen alle durcheinander!« Eulenspiegel sagte: »Ja« und fing an zu nähen. Und sein Meister zögerte mit dem Ausgehen und wollte Eulenspiegel beobachten und sehen, wie er es machen würde. Denn es war ihm bekannt, daß Eulenspiegel tun würde, was man ihn geheißen hat. Und er tat es auch. Nach des Meister Geheiß nahm Eulenspiegel einen kleinen Schuh und einen großen und nähte sie zusammen. Und als der Meister nun schlendern gehen wollte, da war es ihm leid, was Eulenspiegel tun wollte und auch tat: Er sah, daß Eulenspiegel einen Schuh durch den andern nähte. Da sprach er: »Du bist mein rechter Knecht, du tust alles, was ich dich heiße.« Eulenspiegel sagte: »Wer tut, das man ihn heißt, der wird nicht geschlagen, was anders wohl möglich wäre.« Der Meister sagte: »Ja, mein Knecht, das ist es: meine Worte lauteten so, aber meine Meinung war es nicht. Ich meinte, du solltest ein paar kleine Schuhe zurechtmachen und darnach ein paar große, oder die großen zuerst, die kleinen hernach. Du tust nach den Worten, nicht nach der Meinung.« Und er ward zornig und nahm ihm das zugeschnittene Leder und sagte: »Sei verständig, sieh her, da hast du anderes Leder; schneid die Schuh zu über einen Leisten!« Er kümmerte sich nicht weiter darum, denn es drängte ihn auszugehen. Der Meister ging seinem Gewerbe nach und war beinah eine Stunde aus, da bedachte er erst, daß er seinen Knecht geheißen hatte, die Schuh über einen Leisten zu schneidern. Er ließ all sein Geschäft stehen und lief eilig nach Haus. Da hatte Eulenspiegel inzwischen gesessen und das Leder genommen und alles über einen kleinen Leisten geschnitten. Als nun der Meister kam, so sah er, daß Eulenspiegel die Schuhe alle über einen linken Leisten geschnitten hatte. Da sagte er zu ihm: »Gehört zu dem linken Schuh kein rechter?« Eulenspiegel sprach: »Ja, wollt Ihr das noch haben, so will ich die rechten Schuhe noch zuschneiden.« Der Meister erwiderte: »Du nimmst einen Leisten. Ist der andere Leisten umsonst da?« Eulenspiegel sagte: »Wahrhaftig, Meister, Ihr hießt mich, daß ich die Schuhe über einen Leisten zuschneiden sollte.« Der Meister sagte: »Ich hieße dich wohl so lange, bis ich mit dir an den Galgen laufen müßte«, und er sprach weiter, er sollte ihm das Leder bezahlen, das er ihm verdorben hätte. Wo wollte er anderes Leder hernehmen? Eulenspiegel sagte: »Der Gerber kann des Leders wohl mehr machen« und stand auf und ging zur Tür und kehrte sich noch einmal um mit den Worten: »Komm ich nicht wieder in das Haus, so bin ich doch dagewesen«, und ging damit zur Stadt hinaus.

 **Wie Eulenspiegel einem Bauern die Suppe begoß und übelstinkenden Fischtran als Bratschmalz drantat und meinte, es wär dem Bauern gut genug.**

Viel Schalkheit hatte Eulenspiegel den Schuhmachern angetan, nicht nur an einem Ort, sondern an vielen Stätten. Nachdem er den letzten Streich verübt hatte, kam er gen Stade und verdingte sich wiederum bei einem Schuhmacher. Als er nun am ersten Tag zu arbeiten begann, ging sein Meister auf den Markt und kaufte ein Fuder Holz und versprach dem Bauern eine Suppe zu dem Geld und brachte den Bauern mit dem Holz vor sein Haus. Da fand er niemand daheim, die Frau und die Magd waren ausgegangen, und Eulenspiegel saß allein zu Haus und nähte Schuhe. Nun mußte der Meister wieder auf den Markt gehen. Er befahl

deshalb Eulenspiegel, daß er nähme, was er hätte, dem Bauern eine Suppe zu machen, er habe es ihm im Schrank gelassen.
Eulenspiegel sprach: »Ja«, und der Bauer warf das Holz ab und kam in die Stube. Eulenspiegel schnitt ihm Brotstücke in die Schüssel und fand nirgends Fett in dem Schrank. Da ging er zu dem Behälter, worin der stinkende Fischtran war, und begoß damit dem Bauern die Suppe. Der Bauer begann sie zu essen und schmeckte, daß sie übel stank. Doch er war so hungrig und aß die Suppe aus. Darüber kam der Schuhmacher heim und fragte den Bauern, wie ihm die Suppe geschmeckt hätte. Der Bauer sprach: »Das schmeckte alles wohl, nur hatte es den Geschmack von neuen Schuhen.« Damit ging der Bauer aus dem Hause. Da mußte der Schuhmacher lachen und fragte Eulenspiegel, womit er ihm die Suppe begossen hätte. Eulenspiegel sprach: »Ihr sagtet mir, ich sollte nehmen, was ich hätte. Nun hatte ich kein andres Fett als Seefischtran, denn ich suchte überall im Schrank in der Küche und fand nirgends Fett. Da nahm ich, was ich hatte.« Der Schuhmacher sprach: »Nun, das ist recht und für den Bauern gut genug.«

 **Wie ein Stiefelmacher zu Braunschweig Eulenspiegel die Stiefel spickte und der jenem die Fenster aus der Stube stieß.**

Christoffer hieß ein Stiefelmacher, der zu Braunschweig auf dem Kohlmarkt wohnte. Zu dem ging Eulenspiegel und wollte seinen Stiefel schmieren lassen. Als er nun zu dem Stiefelmacher ins Haus kam, sprach er: »Meister, wollt Ihr mir diese Stiefel spicken*, daß ich sie auf Montag wiederhaben kann?« Der Meister sagte: »Ja, gern.« Eulenspiegel ging wieder aus dem Haus und dachte an nichts Arges. Als er fort war, sagte der Knecht: »Meister, das ist Eulenspiegel, der treibt mit jedermann seinen Schalk, und wenn Ihr ihn das geheißen hättet, was er Euch geheißen hat, er täte es und ließe das nicht.« Der Meister sprach: »Was hat er mich denn geheißen?« Der Knecht sprach: »Er hieß euch die Stiefel spicken und meinte schmieren. Nun wollt ich sie nicht schmieren, ich wollte sie spicken, wie man die Braten spickt.« Der Meister sagte: »Hört, das wäre gut! Wir wollen tun, wie er uns geheißen hat!«
Er nahm Speck, schnitt ihn in Streifen und spickte ihn durch die Stiefel mit einer Spicknadel wie durch einen Braten. Am Montag kam Eulenspiegel und fragte, ob die Stiefel fertig wären. Der Meister hatte sie an die Wand gehängt, wies sie ihm und sagte: »Sieh, da hängen sie.« Eulenspiegel sah, daß die Stiefel so gespickt waren, begann zu lachen und sprach: »Was seid Ihr für ein tüchtiger Meister, Ihr habt es gemacht, wie ich Euch geheißen habe. Was wollt Ihr dafür haben?« Der Meister sprach: »Einen alten Groschen.« Eulenspiegel gab ihm den alten Groschen und nahm die gespickten Stiefel und ging aus dem Hause. Der Meister und sein Knecht sahen ihm lachend nach und sprachen miteinander: »Wie konnte ihm das geschehen! Nun ist er geäfft!«
Indessen stieß Eulenspiegel mit Kopf und Schultern durch die Glasfenster – denn die Stube lag zu ebener Erde und ging auf die Straße – und

sprach zu dem Stiefelmacher: »Meister, was ist das für Speck, den Ihr zu den Stiefeln verwendet habt? Ist's Speck von einer Sau oder einem Eber?« Der Meister verwunderte sich mit dem Knecht. Schließlich sah er, daß es Eulenspiegel war, der in dem Fenster lag und mit Kopf und Schultern die Glasscheiben wohl halb herausstieß, so daß sie zu ihm in die Stube fielen. Da ward der Stiefelmacher zornig und sprach: »Willst du, Schurke, das nicht lassen, so schlag ich dich mit diesem Knüttel vor den Kopf.« Eulenspiegel sprach: »Lieber Meister, erzürnt Euch nicht, ich wüßt gern, was es für Speck ist, womit Ihr mir die Stiefel gspickt habt. Ist er von einer Sau oder von einem Eber?« Der Meister ward zornig und sagte, er sollt ihm seine Fenster unzerbrochen lassen. »Wollt Ihr mir nicht sagen«, sprach Eulenspiegel, »was es für Speck ist, so muß ich gehen und einen andern fragen.« Damit sprang Eulenspiegel wieder aus dem Fenster.
Und der Meister ward nunmehr zornig auf seinen Knecht und schalt ihn: »Den Rat gabst du mir. Nun gib mir Rat, daß meine Fenster wieder gemacht werden!« Der Knecht schwieg. Der Meister aber war unwillig und sprach: »Wer hat nun den andern geäfft? Ich hab allerwegen gehört: Wer mit Schalksleuten beladen ist, der soll den Riemen abschneiden und sie gehen lassen. Hätt ich das auch getan, so wären meine Fenster ganz geblieben.« Der Knecht mußte darum wandern, denn der Meister wollte die Fenster von ihm bezahlt haben, weil er den Rat gegeben, daß man die Stiefel spicken sollte.

Wie Eulenspiegel einem Schuhmacher zu Wismar Dreck, der gefroren war, für Talg verkaufte.

Einmal hatte Eulenspiegel einem Schuhmacher zu Wismar großen Schaden angetan mit Zuschneiden und ihm viel Leder verdorben*, daß der gute Mann ganz traurig war. Das vernahm Eulenspiegel und kam wieder gen Wismar und sprach denselben Schuhmacher, dem er den Schaden zugefügt hatte, wieder an: Er würde eine Ladung Leder und Schmalz bekommen, die wollt er ihm wohlfeil lassen, damit ihm sein Schaden wieder ersetzt würde. Der Schuhmacher sagte: »Ja, daran tust du gut, denn du hast mich zu einem armen Manne gemacht. Wenn du das Gut bekommst, so zeige mir's an!« Damit schieden sie voneinander.
Nun war es in der Winterszeit, wo die Schinder die heimlichen Gemächer zu reinigen pflegten. Zu denen kam Eulenspiegel und versprach ihnen bares Geld, wenn sie ihm zwölf Tonnen mit der Materie füllten, die sie sonst in das Wasser zu führen pflegten. Die Schinder taten dies und schöpften ihm die Tonnen voll bis auf vier Finger Breite und ließen sie stehen, bis sie hart gefroren waren. Da holte sie Eulenspiegel ab. Und

sechs Tonnen begoß er oben dick mit Talg, schlug sie alle fest zu, und sechs Tonnen begoß er mit Kerzenfett und schlug sie auch fest zu und ließ sie »Zum güldnen Stern«, in seine Herberge, fahren. Dem Schuhmacher schickte er einen Boten, und als er kam, schlugen sie das Gut oben auf: es gefiel dem Schuhmacher wohl. Sie wurden handelseins, daß der Schuhmacher Eulenspiegel für die Ladung 24 Gulden geben und die Hälfte, zwölf Gulden, bar bezahlen sollte; das übrige binnen einem Jahr. Eulenspiegel nahm das Geld und wanderte weiter, denn er fürchtete das Ende. Der Schuhmacher nahm sein Gut in Empfang und war fröhlich wie einer, dem ein Schaden wieder ausgeglichen wird oder dem eine verlorene Schuld wieder zukommt. Und er suchte Hilfe, weil er des andern Tags Leder schmieren wollte. Die Schuhmacherknechte liefen ihm stark zu, weil sie sich einen vollen Kropf versprachen, und gingen ans Werk und begannen laut zu singen, wie es ihre Art ist.

Als sie nun die Tonnen zum Feuer brachten und diese anfingen, warm zu werden, da gewannen sie ihren natürlichen Geruch. Da sagte einer zu dem andern: »Ich glaube, du hast in die Hosen geschissen.« Der Meister sprach: »Euer einer hat in Dreck getreten. Wischt die Schuhe ab, es riecht entsetzlich übel!« Sie suchten all umher, fanden aber nichts. Da begannen sie, das Schmalz in einen Kessel zu tun, und wollten das Leder einschmieren. Je tiefer sie kamen, desto übler stank es. Schließlich wurde ihnen alles klar, und sie ließen die Arbeit stehen. Der Meister lief mit dem Gesellen, Eulenspiegel zu suchen, um ihn für den Schaden festzunehmen. Aber er war mit dem Geld dahin und soll noch wiederkommen nach den andern zwölf Gulden. Also mußte der Schuhmacher seine Tonnen mit dem Talg nach der Aasgrube fahren und war zu doppeltem Schaden gekommen.

 **Wie ein Bauer Eulenspiegel auf einen Karren setzte, darin er Pflaumen gen Einbeck zu Markt führen wollte.**

Die durchlauchtigen und hochgeborenen Fürsten von Braunschweig hielten zu jener Zeit in der Stadt Einbeck ein Rennen, Stechen und Turnieren ab mit vielen fremden Fürsten und Herren, Rittern und Knechten und mit ihren Untersassen. Nun war es im Herbst, da die Pflaumen und ander Obst zeitig waren. Da war zu Oldendorf bei Einbeck ein braver, einfältiger Mann, der hatte einen Garten mit Pflaumenbäumen. Er ließ einen Karren voll Pflaumen pflücken und wollt damit gen Einbeck fahren, da er glaubte, dort besser davonzukommen als anderswo, weil so viel Volks da war.

Als er nun vor die Stadt kam, da lag Eulenspiegel unter einem hohlen Baum im Schatten, und er hatte am fürstlichen Hof zuviel getrunken, so daß er weder essen noch trinken mochte und einem toten Menschen ähnlicher als einem lebendigen war. Als nun der brave Mann an ihm vorbeifuhr, da sprach ihn Eulenspiegel ganz kläglich an, wie ihm auch zumute war: »Ach, guter Freund, sieh, ich liege hier so krank seit drei Tagen, und wenn ich noch einen Tag so liegen soll, muß ich vor Durst und Hunger sterben. Darum tu mir die Wohltat und führe mich um Gottes willen in die Stadt!« Der gute brave Mann erwiderte: »Ach, guter Freund, ich wollt es gern tun, aber ich habe einen Karren voll Pflaumen geladen. Wenn ich dich darauf setze, so machst du sie mir alle zuschanden.« Eulenspiegel sprach: »Nimm mich mit, ich will mich vorn auf dem Karren behelfen.« Der gute Mann war alt, und es kostete ihn sehr viel Mühe, eh er dem Schalk, der sich so schwer wie möglich machte, auf den Karren half, und er fuhr dann um des Kranken willen desto langsamer.

Als nun Eulenspiegel eine Weile gefahren war, zog er das Stroh von den Pflaumen, stieg hinter des Bauern Rücken heimlich auf den Karren, schiß dem armen Mann auf die Pflaumen und zog das Stroh wieder darüber. Als nun der Bauer in die Stadt kam, da rief Eulenspiegel: »Halt, halt, hilf mir von dem Karren, ich will hier draußen vor dem Tor bleiben!« Der gute Mann half dem argen Schalk von dem Karren und fuhr darnach seine Straße den nächsten Weg nach dem Markt.

Nun gab es einen in der Stadt, der bei der Ware, die zu Markt kam, allerwegen der erste war und doch selten etwas kaufte. Der kam gleich hinzu, zog das Stroh wohl selber herab und beschmutzte sich die Hände über und über. Indessen kam der alte Mann wieder aus seiner Herberge. Eulenspiegel hatte sich verkleidet und kam eines andern Wegs hergezogen und sprach zu dem Bauern: »Was hast du zu Markt gebracht?« – »Pflaumen!« sprach der Bauer. Eulenspiegel sprach: »Du hast sie als ein Schalk gebracht, die Pflaumen sind beschissen, man sollte dir das Land mit den Pflaumen verbieten.« Der gute Mann sah danach und erkannte, daß es so war, und sprach: »Vor der Stadt lag ein kranker Mensch, der sah dem gleich, der hier steht, nur daß er andere Kleider anhatte, den führte ich um Gottes willen vor das Tor. Der Schalk hat mir den Schaden angetan.« Eulenspiegel sprach, der Schalk verdiente Prügel. So mußte der brave Mann die Pflaumen wegführen auf den Schindanger und durfte sie nirgends mehr verkaufen.

 **Wie Eulenspiegel sich zu einem Schneider verdingte und unter einer Bütte nähte.**

Als Eulenspiegel gen Berlin kam, verdingte er sich als Schneiderknecht. Als er nun in der Werkstatt saß, sagte der Meister: »Knecht, willst du nähen, so näh gut und näh, daß man es nicht sieht!« Eulenspiegel sagte: »Ja« und nahm Nadel und Gewand und kroch damit unter eine Bütte und steppte einen Naht übers Knie und begann, darüber zu nähen. Der Schneider stand und sah das an und sprach zu ihm: »Was willst du tun? Das ist ein seltsam Nähwerk.« Eulenspiegel sprach: »Meister, Ihr sagtet, ich sollte nähen, daß man's nicht sähe: so sieht es niemand.« Der Schneider sprach: »Nein, mein lieber Knecht, hör auf und näh nicht mehr derart, beginne so zu nähen, daß man es sehen kann!«

Das währte einen Tag oder drei. Da geschah es spätabends, daß der Schneider müde ward und zu Bett gehen wollte. Es lag ein grauer Bauernrock halb umgenäht da; den warf Eulenspiegel zu und sagte: »Sieh her, mach den Wolf fertig und geh darnach zu Bett!« Eulenspiegel sagte: »Ja, geht nur hin, ich will's Ihm schon recht machen.« Der Meister ging zu Bett und dachte nichts Arges. Eulenspiegel nahm den grauen Rock wie von einem Wolf, dazu Leib und Beine und sperrte das mit Stecken voneinander, daß es einem Wolfe gleichsah, und ging auch zu Bett.

Des Morgens stand der Meister auf und weckte Eulenspiegel und fand diesen Wolf im Gemach stehn. Der Schneider verwunderte sich, doch sah er wohl, daß Eulenspiegel es gemacht hatte. Indessen kam Eulenspiegel dazu. Da sprach der Schneider: »Was, zum Teufel, hast du daraus gemacht?« Er sprach: »Einen Wolf, wie Ihr mich hießt.« Der Schneider sagte: »Solchen Wolf meinte ich nicht, sondern den grauen Bauernrock, den nennt man hier einen Wolf.« Eulenspiegel sagte: »Lieber Meister, das wußte ich nicht; hätt ich aber gewußt, daß Eure Meinung so gewesen wäre, ich hätt lieber den Rock gemacht als den Wolf.« Nun, der Schneider gab sich zufrieden, es war einmal geschehen.

Nun fügte es sich nach vier Tagen, daß der Meister des Abends müde ward und gerne zeitig geschlafen hätte, doch dünkte es ihm, daß es noch zu früh wäre, wenn auch der Knecht zu Bett gehen würde. Nun lag da ein Rock, der war bis auf einen Ärmel fertig; den Rock nahm der Schneider und warf ihn mit den ledigen Ärmeln Eulenspiegel zu sagte. »Wirf die Ärmel an den Rock und geh darnach zu Bett!« Eulenspiegel sagte: »Ja.« Der Meister ging zu Bett, und Eulenspiegel hängte den Rock an den Haken und zündete zwei Lichter an, auf jeder Seite des Rockes ein Licht, und nahm einen Ärmel und warf ihn an den Rock, und ging auf die andere Seite und warf auch den zweiten daran. Und wenn zwei Lichter ausgebrannt waren, zündete er zwei andere an und warf die Ärmel an den Rock die ganze Nacht bis zum Morgen.

Da stand sein Meister auf und kam in das Gemach, und Eulenspiegel kümmerte sich um den Meister nicht und warf weiterhin mit den Ärmeln nach dem Rock. Der Schneider stand und sah das an und sprach: »Was, Teufel, treibst du nun für ein Gaukelspiel?« Eulenspiegel sprach ernstlich: »Das ist für mich kein Gaukelspiel, ich hab diese ganze Nacht gestanden und habe diese albernen Ärmel an diesen Rock geworfen, aber sie wollen daran nicht kleben. Es wäre wohl besser gewesen, Ihr hättet mich heißen schlafen gehn, als daß ihr mich sie hießet anwerfen. Ihr wußtet doch, daß es verlorene Arbeit wäre.« Der Schneider sprach: »Ist das nun meine Schuld? Wußte ich, daß du das so verstehn würdest? Ich meinte das nicht so, ich meinte, du solltest die Ärmel an den Rock nähen.« Da sagte Eulenspiegel: »Das lohn Euch der Teufel! Pflegt Ihr ein Ding anders zu sagen, als Ihr es meint? Wie reimt Ihr das zusammen? Hätt ich Eure Absicht gewußt, ich wollte die Ärmel wohl gut angenäht haben und hätte auch ein paar Stunden geschlafen. So mögt Ihr nun den Tag sitzen und nähen, ich will gehen und mich auch hinlegen und schlafen.« Der Meister sagte: »Nein, das gibt's nicht, ich will dich nicht als einen Schläfer unterhalten.« Und sie gerieten in Streit, und der Schneider sprach im Zank Eulenspiegel um die Lichter an: Er sollte ihm die Lichter bezahlen, die er ihm verbrannt hätte. Da raffte Eulenspiegel seine Sachen zusammen und wanderte davon.

 **Wie Eulenspiegel drei Schneiderknechte von einem Laden fallen ließ und den Leuten sagte, der Wind hätte sie herabgeweht.**

Zum Markt zu Brandenburg war Eulenspiegel in der Herberge wohl vierzehn Tage. Und hart daneben wohnte ein Schneider, der hatte drei Knechte auf einem Laden sitzen, die nähten. Und wenn Eulenspiegel an ihnen vorbeiging, so spotteten sie seiner oder warfen ihm einen Fetzen nach. Eulenspiegel schwieg stille und wartete seine Zeit ab. Und eines Tages war der Markt voller Leute. In der Nacht davor hatte Eulenspiegel die Ladenpfosten unten abgesägt und sie auf den untersten Steinen stehen lassen.

Des Morgens legten die Schneiderknechte den Laden auf die Pfosten und setzten sich darauf und nähten. Als nun der Schweinehirt blies, daß jedermann seine Schweine austreiben lasse, da kamen des Schneiders Schweine auch aus dem Hause und liefen unter das Fenster und begannen, sich an den Ladenpfosten zu reiben, so daß die Pfosten unter dem Fenster durch das Reiben wegrutschten und die drei Knechte von dem Fensterladen herab auf die Gasse purzelten. Und Eulenspiegel nahm ihrer wahr, und da sie fielen, begann er laut zu rufen: »Seht, seht, der Wind weht drei Schneider von dem Fenster!« und rief so laut, daß man es über den ganzen Markt hörte. Und die Leute liefen dazu und lachten und spotteten, und die Knechte schämten sich und wußten nicht, wie sie von dem Fensterladen heruntergekommen waren. Schließlich wurden sie gewahr, daß die Ladenpfosten abgesägt waren, und merkten wohl, daß ihnen Eulenspiegel das angetan hatte. Sie schlugen andere Pfähle darunter und durften seiner nicht mehr spotten.

 **Wie Eulenspiegel die Schneider im ganzen Sachsenlande zusammenrief, er wolle sie eine Kunst lehren, die ihnen und ihren Kindern zugute käme.**

Eulenspiegel schrieb ein Konsilium oder eine Versammlung der Schneider aus in den wendischen Städten und in dem Lande Sachsen und ebenso in Holstein, Pommern, Stettin und Mecklenburg, auch zu Lübeck, Hamburg, Stralsund und Wismar, und versicherte sie in dem Briefe großer Kunst. Sie sollten zu ihm kommen, er wäre in der Stadt Rostock; er wolle sie eine Kunst lehren, die ihnen und ihren Kindern zugute kommen sollte für ewige Zeiten, solange die Welt stünde. Die Schneider in den Städten und Flecken und Dörfern schrieben einander, was ihre Meinung darüber wäre, und sie kamen überein, daß sie zu einer bestimmten Zeit in die Stadt kommen wollten. Sie hielten Versammlungen ab, und es verlangte einer nach dem andern zu wissen, was es doch sein möge, was Eulenspiegel ihnen sagen und welche Kunst er sie lehren wolle, nachdem er sie so dringend angeschrieben hätte.

Sie kamen zur bestimmen Zeit in Rostock ihrer Verabredung gemäß zusammen, so daß sich viele Leute verwunderten, was die Schneider da tun wollten. Als nun Eulenspiegel hörte, daß die Schneider ihm Folge geleistet hätten, wartete er ab, bis sie alle beisammen waren. Da redeten die Schneider Eulenspiegel an, sie wären seinem Schreiben zufol-

ge hergekommen. Darin habe er betont, daß er sie eine Kunst lehren wollte, die ihnen und ihren Kindern zugute kommen sollte, solange die Welt stünde. Nun bäten sie ihn, daß er sie fördere und die Kunst lehre und verkünde, so wollten sie ihm auch ein Geschenk geben. Eulenspiegel sprach: »Ja, kommet alle zusammen mit mir auf eine Wiese, daß es ein jeder von euch von mir hören kann!«

Da kamen sie alle zusammen auf einem weiten Plan. Eulenspiegel stieg in ein Haus und sah zum Fenster hinaus und sprach: »Ehrbare Männer des Handwerks der Schneider! Ihr sollt merken und verstehen, wenn ihr eine Schere, eine Elle, einen Faden und einen Fingerhut habt, dazu eine Nadel, so habt ihr Werkzeugs genug zu euerm Handwerk. Das zu bekommen, ist keine Kunst, sondern es schickt sich von selbst, wenn ihr euer Handwerk betreiben wollt. Aber diese Kunst lernt von mir und gedenkt meiner dabei: Wenn ihr die Nadel eingefädelt habt, so vergeßt nicht, daß ihr an das andere Ende des Fadens einen Knoten macht, sonst stecht ihr manchen Stich umsonst; so aber hat der Faden keine Gelegenheit, der Nadel zu entwischen.«

Ein Schneider sah den andern an und sprach: »Diese Kunst wußten wir alle wohl vorher schon und alles, was er uns gesagt hat.« Und sie fragten Eulenspiegel, ob er ihnen nichts weiter zu sagen hätte. Denn solchen närrischen Einfällen wollten sie nicht zehn oder zwölf Meilen weit nachgezogen sein und deswegen einander Boten zugeschickt haben. Diese Kunst hätten die Schneider schon lange gewußt, vor mehr denn tausend Jahren. Darauf antwortete ihnen Eulenspiegel, was vor tausend Jahren geschehen sei, daran könnte sich jetzt niemand mehr erinnern. Auch sagte er, wär es ihnen nicht zu Willen und zu Dank, so möchten sie es mit Unwillen aufnehmen und nicht dafür dankbar sein, und jeder möchte nur wieder gehen, woher er gekommen wäre.

Da wurden die Schneider, die weit hergekommen waren, ganz böse auf ihn und wären ihm gern zu Leibe gerückt, konnten aber nicht an ihn herankommen. Also gingen die Schneider wieder auseinander, ein Teil von ihnen war zornig und fluchte und war ganz unwillig, daß sie den weiten Weg umsonst gegangen waren und hätten sich nichts als müde Beine geholt. Die aber dort zu Hause waren, lachten und spotteten der anderen, daß sie sich hätten äffen lassen. Sie sagten, das wäre ihre eigene Schuld, warum sie dem Landstreicher und Narren geglaubt hätten und gefolgt wären. Denn sie hätten doch seit langem gewußt, was Eulenspiegel für ein Vogel wäre.

 **Wie Eulenspiegel Wolle schlug an einem heiligen Tag, weil der Tuchmacher ihm verboten hatte, des Montags zu feiern.**

Als Eulenspiegel gen Stendal kam, gab er sich für einen Wollweber aus. Eines Sonntags sprach sein Meister zu ihm: »Lieber Knapp, ihr Gesellen feiert gern am Montag. Wer das zu tun pflegt, den hab ich nicht gern in meinem Dienst, er muß die Woche durcharbeiten.« Eulenspiegel sagte: »Ja, Meister, das ist mir sehr lieb.« Da stand Eulenspiegel des Montags auf und schlug Wolle, ebenso des Dienstags. Das gefiel dem Wollweber wohl. Der Mittwoch war ein Aposteltag, den sie feiern mußten. Eulenspiegel tat, als ob er von dem heiligen Tag nichts wüßte, stand des

Morgens auf und begann zu schurren und schlug Wolle, daß man es über die ganze Straße hörte. Der Meister huschte sogleich aus dem Bett und sagte zu ihm: »Hör auf, hör auf, es ist ein heiliger Tag!« Eulenspiegel sprach: »Lieber Meister, Ihr habt mir doch am Sonntag keinen heiligen Tag angekündigt, sondern Ihr sagtet, ich sollte die ganze Woche durcharbeiten.« Der Wollweber erwiderte: »Lieber Knecht, das meinte ich nicht so. Hör vielmehr auf und schlag nicht mehr! Was du den Tag verdienen könntest, will ich dir gleichwohl geben.«

Eulenspiegel war's zufrieden und feierte den Tag und hielt des Abends Collation* mit seinem Meister. Da sprach der Wollenweber zu ihm, das Wollenschlagen gelänge ihm gut, aber er müßte die Wolle ein wenig höher schlagen. Eulenspiegel sagte: »Ja« und stand des Morgens früh auf und spannte den Bogen* oben an die Latten und setzte eine Leiter daran. Er stieg hinauf, so daß die Rute nachkommen konnte bis auf das Gatter*, und holte dann die Wolle von dem Gatter, das von der Erde bis auf den Boden reichte, und schlug nun die Wolle, daß sie über das Haus stob. Der Wollweber lag im Bett und hörte schon am Schlag, daß Eulenspiegel es ihm nicht recht machte, stand auf und sah nach ihm. Eulenspiegel sprach: »Meister, wie dünkt Euch, ist das hoch genug?« Der Meister entgegnete: »Stündest du auf dem Dache, so wärst du noch höher. Wenn du so die Wolle schlagen wolltest, so konntest du sie ebensogut auf dem Dache sitzend schlagen, als du hier auf der Leiter stehst.« Damit ging er in die Kirche.

Eulenspiegel merkte sich die Rede, nahm den Bogen und stieg aufs Dach und schlug die Wolle auf dem Dache. Des ward der Meister draußen auf der Gasse gewahr, kam gleich gelaufen und rief: »Was, zum Teufel, machst du? Hör auf! Pflegt man die Wolle auf dem Dach zu schlagen?« Eulenspiegel sprach: »Das sagt Ihr nun? Ihr spracht doch, es wäre besser auf dem Dache als auf der Leiter, denn das wäre noch höher als die Balken.« Der Wollweber sprach: »Willst du Wolle schlagen, so schlage sie; willst du Narretei treiben, so treibe sie; steig vom Dach und scheiß auf das Gatter!« Damit ging der Wollweber ins Haus und in den Hof.

Eulenspiegel stieg schleunigst vom Dach und ging ins Haus, sich in die Stube zu setzen, und schiß einen großen Haufen Drecks an das Gatter. Der Wollweber kam vom Hof und sah, daß er in der Stube schiß, und sagte: »Daß dir nimmer Gutes geschähe! Du tust wie die Schälke alle zu tun pflegen.« Eulenspiegel sprach: »Meister, ich tue doch nichts anderes, als Ihr mich geheißen habt. Ihr sagtet, ich solle vom Dach steigen und auf das Gatter scheißen. Warum zürnt Ihr darum? Ich tue, wie Ihr mich geheißen.« Der Wollweber sprach: »Du schissest mir wohl auf den Kopf ungeheißen. Nimm den Dreck und trag ihn an einen Ort, wo ihn niemand haben will!«

Eulenspiegel sagte: »Ja« und nahm den Dreck auf einen Stein und trug ihn in die Speisekammer. Da sprach der Wollweber: »Laß ihn draußen, ich will ihn darin nicht haben!« Eulenspiegel sprach: »Das weiß ich wohl, daß Ihr ihn da nicht haben wollt. Niemand will ihn da haben, aber ich tue, was Ihr mich geheißen habt.« Der Wollweber ward zornig und lief nach dem Stall und wollte Eulenspiegel ein Scheit an den Kopf werfen. Da ging Eulenspiegel aus dem Hause mit den Worten: »Kann ich denn nirgends Dank verdienen?« Der Wollweber wollte das Holz rasch ergreifen, besudelte jedoch seine Finger. Da ließ er den Dreck fallen, lief zu dem Brunnen und wusch seine Hände. Dieweil ging Eulenspiegel davon.

 **Wie Eulenspiegel sich zu einem Kürschner verdingte und ihm in die Stube schiß, damit ein Gestank den andern vertreiben sollte.**

Einstmals kam Eulenspiegel gen Aschersleben. Es war Wintersnot und teure Zeit. Er dachte: Was willst du anfangen, daß du durch den Winter kommst? Da gab es niemanden, der eines Knechts bedurfte. Aber ein Kürschner wohnte dort, der wollte einen Knecht annehmen, wenn einer seines Handwerks auf der Wanderschaft vorbeikäme. Da dachte Eulenspiegel: Was willst du tun? Es ist Winter und dazu teuer; du mußt leiden, was du leiden kannst, und mußt den ganzen Winter über leiden. Und er verdingte sich dem Kürschner als Knecht.
Als er nun in der Werkstatt saß und Pelze nähen wollte, da war er des

Geruchs ungewohnt und sagte: »Pfui, pfui! Bist du so weiß wie Kreide und stinkst so übel wie Dreck!« Der Kürschner sagte: »Riechst du das nicht gern und setzt dich doch hierher? Daß es stinkt, das ist natürlich, es kommt von der Wolle, die das Schaf auf der äußeren Seite hat.« Eulenspiegel schwieg und dachte, ein Übel pflegt das andere zu vertreiben, und ließ einen so sauren Furz, daß sich der Meister und seine Frau die Nasen zuhalten mußten. Der Kürschner sprach: »Was machst du? Willst du üble Furze lassen, so geh aus der Stube in den Hof und furz, soviel du willst.« Eulenspiegel sprach: »Das ist einem Menschen viel natürlicher für seine Gesundheit als der Gestank von den Schaffellen.« Der Kürschner sprach: »Das mag gesund sein oder nicht. Willst du furzen, so geh in den Hof!« Eulenspiegel sprach: »Meister, es ist vergeblich, alle Fürze wollen nicht gern in der Kälte sein, denn sie sind allzeit in der Wärme. Das könnt Ihr daran proben: Laßt einen Furz, er geht Euch gleich wieder in die Nase, in die Wärme, aus der er gekommen ist.« Der Kürschner schwieg. Er merkte wohl, daß sein Knecht mit Schalkheit beladen war, gedachte aber, ihn nicht lange zu beschäftigen. Eulenspiegel saß fürder ruhig und nähte und räusperte sich und spuckte aus und hustete das Haar aus dem Munde. Der Kürschner saß und sah ihn an und schwieg, bis sie des Abends gegessen hatten. Da sprach der Meister zu ihm: »Lieber Knecht, ich sehe wohl, daß du bei diesem Handwerk nicht gerne bist. Es dünkt mir, du bist kein rechter Kürschnergeselle. Das merk ich an deinem Gebaren. Oder du bist nicht lange bei der Kürschnerei gewesen, du du bist die Arbeit nicht gewohnt. Hättest du dabei vier Tage nur geschlafen, so rümpfest du die Nase nicht so darüber und fragtest nicht danach, und es wäre dir nicht widerlich. Darum, mein lieber Knecht, lüstet dich nicht, hier zu bleiben, so magst du morgen gehen. Da steht dein Pferd.« Eulenspiegel sprach: »Lieber Meister, Ihr habt recht, ich bin nicht lange dabei gewesen. Wenn Ihr mir nun gestatten wolltet, daß ich vier Tage bei dem Werke schlafe, so würde ich's gewohnt, und dann solltet Ihr sehen, was ich zu leisten vermag.« Des war der Kürschner zufrieden, denn er bedurfte seiner, und Eulenspiegel konnte auch gut nähen.

 **Wie Eulenspiegel bei einem Kürschner in den Pelzen schlief, trocken und naß, wie ihn der Kürschner geheißen hatte.**

Der Kürschner ging mit seiner Frau fröhlich zu Bett. Eulenspiegel nahm die zubereiteten Felle, die auf dem Reck hingen, er nahm die getrockneten Felle, die gegerbt waren, und die nassen, und er trug sie auf die Bühne und kroch mitten darein und schlief bis an den Morgen. Da stand der Meister auf und sah, daß die Felle von den Recken hinweg waren, und lief emsig auf die Bühne und wollte Eulenspiegel fragen, ob er nichts von den Fellen wüßte. Da fand er Eulenspiegel nicht und sah, daß die nassen und trockenen Pelze auf der Bühne in einem großen Haufen beieinander lagen, ganz durcheinander. Da ward er sehr bekümmert und rief mit weinender Stimme die Magd und die Frau.

Von dem Rufe erwachte Eulenspiegel und kroch aus den Pelzen und sprach: »Lieber Meister, was ist Euch, daß Ihr so heftig ruft?« Der Kürschner verwunderte sich und wußte nicht, was in dem Haufen Felle und Pelze war, und sprach: »Wo bist du?« Eulenspiegel sagte: »Hier bin ich!« Der Meister rief: »Daß dir nimmer Glück begegne! Hast du mir die Pelze vom Reck genommen, die trocknen und die nassen Felle aus dem Kalk und sie zusammengelegt und verdirbst mir die einen mit den andern? Was ist das für ein närrischer Einfall?« Eulenspiegel sprach: »Wieso, Meister, werdet Ihr darum böse, habe ich doch nicht mehr als eine Nacht darin gelegen! Wie würdet Ihr erst zürnen, wenn ich vier Nächte darin geschlafen hätte, wie Ihr es gestern abend guthießet, da ich das Handwerk nicht gewohnt sei.« Der Kürschner sprach: »Du lügst wie ein Schalk! Ich habe dich nicht geheißen, daß du mir die fertigen Pelze solltest auf die Bühne tragen und die nassen Felle aus der Beize und sie zusammenlegen und drin schlafen!« Und er suchte einen Knüttel und wollte ihn schlagen. Dieweil ging Eulenspiegel die Stiege hinab, um zur Tür hinauszulaufen. Da kamen die Frau und die Magd vor die Stiege und wollten ihn festhalten. Er rief jedoch heftig: »Laßt mich den Arzt holen! Mein Meister hat ein Bein gebrochen!« Da ließen sie ihn gehen und liefen die Stiege hinauf, und der Meister kam die Stiege herab und lief Eulenspiegel ungestüm nach und strauchelte und riß Frau und Magd zu Boden, daß sie alle drei beieinander lagen. Eulenspiegel lief zur Tür hinaus und überließ sie im Haus ihrem Schicksal.

Wie Eulenspiegel zu Berlin einem Kürschner Wölfe für Wolfspelze machte.

Sehr schlaue Leute sind die Schwaben, und wo die zuerst hinkommen und nicht Nahrung finden, da verdirbt ein anderer gar. Doch sind ihrer etliche mehr auf die Bierkrüge und auf das Saufen bedacht als auf die Arbeit. Deshalb liegen ihre Werkstätten oft wüst. Einmal wohnte ein Kürschner zu Berlin, der war ein Schwab und war in seinem Gewerbe sehr kunstreich und hatte auch gute Einfälle. Dazu war er reich und hielt eine gute Werkstatt, denn er arbeitete für den Fürsten des Landes, für die Ritterschaft und für viel gute Leute und Bürger. Nun begab es sich, daß der Fürst des Landes zur Winterszeit einen großen Hof mit Rennen und Stechen halten wollte, wozu er seine Ritterschaft und andere Herren einlud. Da nun keiner der Schäbigste sein wollte, wurden zu dieser Zeit viele Wolfspelze bei dem vorgenannten Kürschner bestellt. Das wurde Eulenspiegel gewahr, und er ging zu dem Meister und bat ihn um Arbeit. Der Meister, der zu dieser Zeit des Gesindes bedurfte, war über sein Kommen froh und fragte ihn, ob er auch Wölfe machen könnte. Eulenspiegel sagte: »Ja«, darin wär er nicht als der schlechteste im Sachsenlande bekannt. Der Kürschner sagte: »Lieber Knecht, du kommst mir eben recht. Komm her, über den Lohn werden wir uns wohl einigen!« Eulenspiegel sagte: »Ja, Meister, ich halte Euch für so redlich, Ihr sollt selbst den Lohn einschätzen, wenn Ihr meine Arbeit seht. Ich arbeite auch nicht bei den andern Gesellen, ich muß allein sein, so kann ich meine Arbeit nach meinem Kopf und unbeirrt machen.« Da gab ihm der Meister ein Stüblein und legte ihm viele Wolfshäute vor,

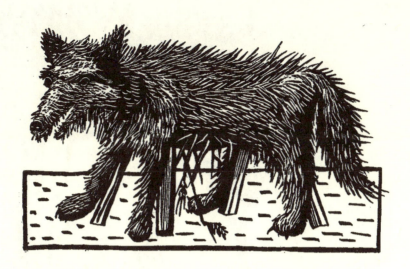

die gehaart und Pelzen zugerichtet waren, und gab ihm die Maße von etlichen Pelzen, großen und kleinen. Also begann Eulenspiegel, sich an die Wolfsfelle zu machen; und er schnitt sie zu und machte aus allen Fellen eitel Wölfe, füllte sie mit Heu und machte ihnen Beine von Stekken, als ob sie lebten.

Als er nun die Felle alle verschnitten und Wölfe daraus gemacht hatte, sprach er: »Meister, die Wölfe sind fertig. Ist noch mehr zu tun?« Der Meister sprach: »Ja, mein Knecht, näh ihrer so viel, als du nur kannst!« Damit ging er hinaus in die Stube. Da lagen die Wölfe auf der Erde, kleine und große. Die sah der Meister an und fragte: »Was soll das sein? Daß dich das Fieber schüttle! Was hast du mir für einen großen Schaden angetan! Ich will dich einsperren und bestrafen lassen.« Eulenspiegel sagte: »Meister, ist das mein Lohn und Dank! Ich hab doch nach Euren eigenen Worten gehandelt. Ihr hießet mich doch Wölfe machen. Hättet Ihr gesagt: ›Mach mir Wolfspelze!‹, das hätt ich auch getan. Und hätt ich das gewußt, daß ich nicht mehr Dank ernten sollte, ich wollte solch großen Fleiß nicht darauf verwendet haben.« Also schied Eulenspiegel von Berlin und ließ nirgends einen guten Ruf hinter sich und zog gen Leipzig.

 **55** **Wie Eulenspiegel den Kürschnern zu Leipzig eine lebendige Katze, genäht in ein Hasenfell, in einem Sack für einen lebendigen Hasen verkaufte.**

Schnell konnte Eulenspiegel eine gute Schalkheit erfinden, wie er den Kürschnern zu Leipzig wohl bewies am Fastnachtabend, als sie ihr Gelage oder ihre Zechsitzung hielten. Da begab es sich, daß sie gern Wildbret gehabt hätten. Das vernahm Eulenspiegel und dachte in seinem Sinn: Der Kürschner zu Berlin hat dir nichts für deine Arbeit gegeben; das sollen dir diese Kürschner bezahlen. Also ging er in seine Herberge. Da hatte sein Wirt eine schöne feiste Katze, die nahm Eulenspiegel unter seinen Rock, und er bat den Koch um ein Hasenfell. Er wolle damit einen hübschen Schelmenstreich verüben. Der Koch gab ihm ein Fell, darein nähte er die Katze. Nun zog er Bauernkleider an, stellte sich vor das Rathaus und hielt sein Wildbret so lange unter der Joppe verborgen, bis einer von den Kürschnern daherkam. Den fragte Eulenspiegel, ob er nicht einen guten Hasen kaufen wolle, und ließ ihn unter die Joppe sehen. Und sie kamen überein, daß er ihm vier Silbergroschen für den Hasen gab und sechs Pfennig für den alten Sack, in dem der Hase steckte. Den trug der Kürschner in das Zunftmeisterhaus, wo sie alle beieinander waren mit Lärm und großer Fröhlichkeit, und sagte, daß er den schönsten und lebendigen Hasen gekauft habe, den er in diesem Jahre gesehen hätte. Und den betasteten sie alle in der Runde nacheinander. Da sie ihn zur Fastnacht haben wollten, ließen sie ihn ein einem eingezäunten Grasgarten lebendig umherlaufen und holten Jagdhunde und wollten Kurzweil mit dem Hasen treiben.

Als nun die Kürschner zusammenkamen, ließen sie den Hasen laufen und die Hunde dem Hasen nach. Da nun der Hase nicht schnell laufen konnte, sprang er auf einen Baum und rief: »Miau« und wäre gern wieder zu Hause gewesen. Als das die Kürschner vernahmen, riefen sie: »Ihr lieben, guten Kumpanen, kommt, kommt! Der uns mit der Katze geäfft hat, den schlagt tot!«

Dabei blieb es wohl. Denn Eulenspiegel hatte seine Kleider ausgezogen und sich so verändert, daß sie ihn nicht erkannten.

 **Wie Eulenspiegel zu Braunschweig auf dem Damme einem Lederhändler Leder sott mit Stühlen und Bänken.**

Als Eulenspiegel von Leipzig reiste, kam er gen Braunschweig zu einem Gerber, der den Schuhmachern das Leder gerbte. Und es war Winter, da dachte er: Du solltest dich mit diesem Gerber einen Winter gut stellen. Und er verdingte sich bei dem Gerber. Als er nun acht Tage bei ihm gewesen war, fügte es sich, daß der Gerber zu Gast essen wollte, und Eulenspiegel sollte an diesem Tag das Leder garmachen. Da sagte der Gerber zu Eulenspiegel: »Siede den Zuber voll Leder gar!« Eulenspiegel sprach: »Ja, was soll ich für Holz dazu nehmen?« Der Gerber sprach: »Was für eine überflüssige Frage! Wenn ich kein Holz auf den Holzhäusern hätte, so hätt ich wohl noch so viel Stühle und Bänke, womit du das Leder garmachen könntest.« Eulenspiegel sagte: »Ja«, es wäre gut. Der Gerber ging zu Gast. Eulenspiegel hängte einen Kessel übers Feuer, steckte das Leder hinein, eine Haut nach der andern, und sott das Leder so gar, daß man es mit den Fingern durchbohren konnte. Während nun Eulenspiegel das Leder gar sott, hieb er Stühle und Bänke entzwei, alle, die im Hause waren, steckte sie unter den Kessel und sott das Leder noch mehr. Als das geschehen war, nahm er das Leder aus dem Kessel, legte es auf einen Haufen, ging aus dem Hause in die Stadt und wanderte hinweg.

Der Gerber befürchtete nichts, trank den ganzen Tag und ging des Abends voll zu Bett. Des Morgens verlangte ihn zu wissen, wie der Knecht das Leder behandelt hätte. Er stand auf und ging in das Gerbhaus. Da fand er das Leder übergar gesotten, fand aber weder Bänke noch Stühle in Haus und Hof. Er wurde ganz mißmutig und ging in die

Kammer zu seiner Frau und sprach: »Frau, hier ist Schlimmes geschehen! Ich halte dafür, unser neuer Knecht ist Eulenspiegel gewesen, denn er pflegt alles zu tun, was man ihn heißt. Er ist hinweg und hat all unsere Stühle und Bänke ins Feuer geworfen und hat das Leder damit übergar gesotten.« Die Frau hub an zu weinen und sprach: »Eil ihm geschwind nach und hol ihn zurück!« Der Gerber sprach: »Nein, ich begehr seiner nicht wieder. Er bleibe nur aus, bis ich nach ihm schicke.«

 **Wie Eulenspiegel einen Weinzapfer zu Lübeck betrog, als er ihm eine Kanne Wasser für eine Kanne Wein gab.**

Eulenspiegel sah sich klüglich vor, als er gen Lübeck kam, und hielt sich gebührlich, daß er dort niemand einen Streich spiele, denn es herrschte zu Lübeck ein hartes Recht. Es war zu dieser Zeit zu Lübeck ein Weinzapfer im Ratskeller, der war ein hochmütiger, stolzer Mann, dem dünkte, daß niemand so weise wär als er. Und er sagte von sich selber, daß es ihn wohl gelüste, einen Mann zu sehen, der ihn betrügen und in seiner Klugheit betören sollte. Darum war er bei vielen Bürgern verhaßt.

Als nun Eulenspiegel von diesem Übermut des Weinzapfers hörte, konnte er den Schalk nicht länger verbergen und dachte: Du mußt doch versuchen, was er kann. Und er nahm zwei Kannen, die beide gleich

waren, und goß in eine Kanne Wasser und ließ die andere Kanne leer. Die Kanne, in der das Wasser war, trug er unter dem Rock verborgen, die leere trug er sichtbar. Und er ging mit den Kannen in den Weinkeller und ließ sich ein Stübchen Wein einmessen und tat die Kanne mit dem Wein unter den Rock und zog die Wasserkanne hervor und setzte sie aufs Bänklein, daß es der Zapfer nicht sah, und sprach: »Weinzapfer, was kostet der Humpen Wein?« – »Zehn Pfennige«, sagte der Zapfer. Eulenspiegel sagte: »Er ist zu teuer, ich habe nicht mehr als sechs Pfennig. Kann ich ihn dafür haben?« Der Weinzapfer ward zornig und sprach: »Willst du meinen Herren den Wein schätzen? Das ist hier ein festgesetzter Preis. Wem der nicht gefällt, der laß von dem Wein in der Herren Keller*.« Eulenspiegel sprach: »Das muß ich wohl lernen; ich habe nur die sechs Pfennig. Wollt Ihr die nicht, so gießt den Wein wieder aus!« Da nahm der Weinzapfer in seiner Bosheit die Kanne und meinte, es wäre der Wein, und es war das Wasser, und goß es oben zum Spundloch wieder hinein und sprach: »Was bist du für ein Tor, läßt dir Wein einmessen und kannst ihn nicht bezahlen!« Eulenspiegel nahm die Kanne und ging hinweg und sprach: »Ich seh wohl, daß du ein Tor bist. Es ist niemand so weise, daß er nicht von Toren betrogen würde, und wenn er auch ein Weinzapfer wäre.« Und er ging damit hinweg und trug die Kanne mit dem Wein unter dem Mantel, und die leere Kanne, darin das Wasser gewesen war, trug er sichtbar.

 **Wie man Eulenspiegel zu Lübeck henken wollte und er mit behender Schalkheit davonkam.**

Lambrecht, der Weinzapfer, achtete der Worte, die Eulenspiegel sagte, als er den Keller verließ, und ging und holte einen Büttel und lief Eulenspiegel nach und stellte ihn auf der Straße. Der Büttel griff ihn an, da fanden sie zwei Kannen bei ihm, die leere Kanne und die Kanne, darin der Wein war. Da erklärten sie ihn für einen Dieb und führten ihn in das Gefängnis. Von etlichen ward nun das Urteil abgegeben, er habe darum den Galgen verdient, und andere wieder sprachen, es wäre nichts weiter als eine subtile Büberei. Sie meinten, der Weinzapfer hätte sich vorsehen sollen, als er sprach, daß ihn niemand betrügen könne, und das hätte Eulenspiegel nur getan wegen dessen großer Vermessenheit. Aber die Eulenspiegel haßten, die sprachen, es wäre ein Diebstahl, er müsse darum hängen. Also ward über ihn das Urteil gesprochen: Der Tod am Galgen. Als nun der Gerichtstag kam, da man Eulenspiegel hinausführen und henken sollte, da entstand eine Unruhe in der ganzen Stadt, so daß jedermann zu Roß und zu Fuß auf der Straße war. Der Rat zu Lübeck befürchtete, es könnte Eulenspiegel ihm abgedrungen und verhindert werden, daß er gehenkt würde. Etliche wollten sehen, wie er sein Ende nehmen würde, nachdem er ein abenteuerlicher Mensch gewesen war. Etliche meinten, er beherrschte schwarze Künste und würde sich damit frei machen. Und die meisten gönnten ihm, daß er freikäme. Während man ihn hinausführte, war Eulenspiegel ganz still und sprach nicht ein Wort, so daß sich jedermann über ihn wunderte und meinte, er wäre verzweifelt. Das währte bis an den Galgen.

Da tat er den Mund auf, heischte den ganzen Rat zu sich und bat ihn gar demütiglich, daß sie ihm eine Bitte gewähren wollten. Er wollte sie weder um Leib noch Leben bitten oder um Geld oder Gut; noch um sonst eine Wohltat; noch um ewige Messen; noch um ewige Gnaden und ewiges Gedenken, sondern um eine ganz geringe Sache, die ohne Schaden getan werden könne und die der ehrbare Rat zu Lübeck leichtlich tun könnte, ohne einen Pfennig Kosten. Die Ratspersonen traten zusammen und gingen zur Seite, darüber Rat zu halten, und sie wurden sich einig, ihm sein Bitte zu gewähren, nachdem er vorher festgelegt hatte, worum er nicht bitten wolle. Und es gab einige, die verlangten sehr, zu erfahren, um was er bitten werde. Und sie sprachen zu ihm, seine Bitte sollte ihm erfüllt werden, sofern er nichts von den Artikeln erbäte, die er ausgenommen hätte. Wäre er damit einverstanden, so wollten sie ihm seinen Wunsch bewilligen.

Eulenspiegel sprach: »Um die Artikel, die ich zuvor aufgezählt habe, will ich euch nicht bitten. Wollt ihr mir aber das halten, worum ich euch bitte, so gebt mir die Hände darauf!« Das taten sie alle und gelobten es ihm mit Hand und Mund. Da sprach Eulenspiegel: »Ihr ehrbaren Herren von Lübeck! Da ihr es mir gelobt habt, bringe ich meine Bitte vor. Dies ist sie: Wenn ich gehangen bin, sollen der Weinzapfer und Schenk des Rates und der Henker drei Tage lang alle Morgen mich mit dem Mund nüchtern auf den Arsch küssen.« Da spuckten sie aus und sprachen, das wäre keine geziemende Bitte. Eulenspiegel sprach: »Ich halte den ehrbaren Rat zu Lübeck für so redlich, daß er mir halten wird, was er mir zugesagt hat mit Hand und Mund.« Sie gingen alle darüber zu Rat, und aus Gnade und aus sonst neu dazukommenden Gründen ward beschlossen, ihn laufen zu lassen. Also reiste Eulenspiegel von dannen gen Helmstedt, und man sah ihn nicht wieder zu Lübeck.

 **Wie Eulenspiegel zu Helmstedt eine große Tasche machen ließ.**

Mit einer Tasche richtete Eulenspiegel abermals eine Schalkheit an. Zu Helmstedt wohnte ein Taschenmacher. Zu dem kam Eulenspiegel und fragte, ob er ihm eine große hübsche Tasche machen wollte. Der Taschenmacher sprach: »Ja. Wie groß soll sie sein?« Eulenspiegel sagte,

er solle sie groß genug machen, denn zu der Zeit trug man Taschen, die breit und weit waren. Der Taschenmacher fertigte Eulenspiegel eine große Tasche an. Als der nun kam und die Tasche besah, sprach er: »Die Tasche ist nicht groß genug. Das ist ein Täschlein. Macht mir eine, die groß genug ist, ich will sie Euch wohl bezahlen!« Der Taschenmacher fertigte ihm eine Tasche von einer ganzen Kuhhaut und machte sie so groß, daß man wohl ein jährig Kalb hätte hineintun können, so daß ein Mann daran zu heben hätte.

Als nun Eulenspiegel dazukam, gefiel ihm die Tasche wieder nicht, und er sprach, die Tasche wär nicht groß genug. Wollt er ihm aber eine Tasche machen, die ihm groß genug wäre, so wollt er ihm zwei Gulden daraufgeben. Der Taschenmacher nahm die zwei Gulden und machte ihm eine Tasche, zu der er drei Ochsenhäute nahm, daß ihrer drei Männer auf einer Bahre genug daran zu tragen hätten und man wohl ein Scheffel Korn darein hätte schütten können.

Als nun Eulenspiegel kam, sprach er: »Meister, diese Tasche ist groß genug, aber die große Tasche, die ich meinte, das ist diese Tasche nicht*. Ich will sie auch nicht haben, sie ist noch zu klein. Wenn Ihr aber eine große Tasche machen wolltet, aus der ich stets einen Pfennig nehmen könnte und immer zwei darin blieben, so daß ich niemals ohne Geld wäre und ich nie auf den Boden greifen könnte, die wollt ich Euch abkaufen und bezahlen. Diese Taschen, die Ihr gemacht habt, das sind leere Taschen, die sind mir nichts nütze. Ich muß volle Taschen haben, ich kann anders zu den Leuten nicht kommen.« Also ging er hinweg und ließ ihm die Taschen und sprach: »Hast du guten Kauf, den magst du behalten«, und er ließ ihm die zwei Gulden. Der Taschenmacher hatte aber wohl für zehn Gulden Leder verschnitten.

 **Wie Eulenspiegel einen Metzger zu Erfurt um einen Braten betrog.**

Eulenspiegel konnte seine Schalkheit nicht lassen, als er gen Erfurt kam, wo er bald mit Bürgern und Studenten bekannt ward. Er ging einst zu den Metzgern, die das Fleisch feilhielten. Da sprach ein Metzger zu ihm, daß er etwas nehmen sollte, das er mit sich nach Hause trüge. Eulenspiegel sprach zu ihm: »Was soll ich denn mitnehmen?« Der Metzger sprach: »Einen Braten.« Eulenspiegel sagte: »Ja« und nahm den Braten bei dem Ende und ging damit seines Weges. Der Metzger lief ihm nach und rief: »Nein, nicht also! Du mußt den Braten bezahlen!« Eulenspiegel sprach: »Von der Bezahlung habt Ihr mir nichts gesagt, sondern Ihr sagtet, ob ich nicht etwas mit mir nehmen wollte, und ihr wieset auf den Braten, daß ich den mit mir nach Hause nehmen sollte.« Das wollte er durch seine Nachbarn beweisen, die dabeistanden. Die anderen Metzger kamen dazu und sprachen aus Haß: »Ja, es ist wahr.« Die andern waren dem Metzger feind, denn sobald jemand zu ihnen kam und etwas kaufen wollte, so rief der die Leute zu sich und entzog sie ihnen. Darum halfen sie dazu, daß Eulenspiegel den Braten behielt. Dieweil die Metzger nun sich zankten, nahm Eulenspiegel den Braten unter den Rock und ging damit hinweg und ließ sie sich darüber einig werden, so gut sie konnten.

 **Wie Eulenspiegel zu Erfurt einen Metzger abermals um einen Braten betrog.**

Nach acht Tagen kam Eulenspiegel wieder zu den Fleischbänken. Da sprach derselbe Metzger Eulenspiegel von neuem an mit Spottworten: »Komm nochmals und hol einen Braten!« Eulenspiegel sagte: »Ja« und wollte nach einem Braten haschen. Da war der Meister behende und nahm den Braten zu sich. Eulenspiegel sprach: »Wart, laß den Braten liegen, ich will ihn bezahlen.« Der Metzger legte den Braten wieder auf die Bank. Da sprach Eulenspiegel zu ihm: »Wenn ich dir ein Wort sage, daß dir zugute kommen würde, soll dann der Braten mein sein?« Der Meister sprach: »Ja, du möchtest mir solche Worte sagen, die mir zu nichts nutz wären; wenn du mir aber solche Worte sagtest, die mir zugute kämen, so mögest du den Braten hinwegnehmen.«

Eulenspiegel sprach: »Ich will den Braten nicht anrühren, so dir meine Worte nicht gefallen.« Weiterhin sprach er: »Ich spreche das: Tu dich auf, meine Beutelein, und bezahl die Leute. Wie gefällt dir das? Schmeckt dir das nicht?« Da sprach der Metzger: »Die Worte gefallen mir sehr wohl; darum schmecken sie mir nicht übel.« Das sprach Eulenspiegel zu den Umherstehenden: »Liebe Freunde, das hörtet ihr wohl, so ist der Braten mein.« Also nahm Eulenspiegel den Braten und ging damit hinweg und sprach zu dem Metzger im Spott: »Nun habe ich mir wieder einen Braten geholt, weil du mich ansprachst.« Der Metzger stand da und wußte nicht, was er darauf antworten sollte, und war zum zweitenmal genarrt und hatte zu dem Schaden den Spott seiner Nachbarn, die bei ihm standen und ihn auslachten.

 **Wie Eulenspiegel zu Dresden ein Schreinerknecht ward und nicht viel Danks verdiente.**

Bald reiste Eulenspiegel aus dem Lande Hessen* gen Dresden an der Elbe vor dem Böhmerwald* und gab sich als einen Schreinerknecht aus. Da nahm ihn ein Schreiner auf, der einen Gesellen brauchte, denn die seinen hatten ausgedient und waren auf Wanderschaft gegangen. Nun war in der Stadt eine Hochzeit, zu der der Schreiner eingeladen war. Da sprach der Schreiner zu Eulenspiegel: »Lieber Knecht, ich muß zur Hochzeit gehn und werde bei Tag nicht wiederkommen. Tu wohl und arbeite fleißig und bring die vier Bretter zu dem Rechentisch auf das genaueste zusammen in den Leim.« Eulenspiegel sagte: »Ja, welche Bretter gehören zusammen?« Der Meister legte ihm diese aufeinander, die zusammengehörten, und ging mit seiner Frau zur Hochzeit.

Eulenspiegel, der wackere Knecht, der sich allzeit mehr befleißigte, seine Arbeit verkehrt zu tun als richtig, fing an und durchbohrte die schönen gemaserten großen Tisch- oder Schrankbretter, die ihm sein Meister aufeinandergelegt hatte, an drei oder vier Enden, schlug sie zu Bretthölzern, verkittete sie miteinander und siedete den Leim in einem großen Kessel und steckte die Bretter darein. Dann trug er sie oben ins Haus, legte sie zum Fenster hinaus, daß der Leim an der Sonne trocken werden sollte, und machte zeitig Feierabend. Des Abends kam der Meister heim. Er hatte wohl getrunken und fragte Eulenspiegel, was er den Tag über gearbeitet hätte. Eulenspiegel sagte: »Meister, ich habe die vier Tischbretter auf das genaueste zusammen in den Leim gebracht und bei guter Zeit Feierabend gemacht.« Das gefiel dem Meister wohl, und er sagte zu seiner Frau: »Das ist ein rechter Knecht, dem tue gütlich, den will ich lange behalten.« Und damit ging er schlafen.

Aber des Morgens, da hieß der Meister Eulenspiegel den Tisch bringen, den er gemacht hätte. Da kam Eulenspiegel mit seiner Arbeit von dem Dachboden herunter. Als nun der Meister sah, daß ihm der Schalk die Bretter verdorben hatte, sprach er: »Knecht, hast du auch das Schreinerhandwerk gelernt?« Eulenspiegel antwortete, warum er das frage. »Ich frage darum, weil du so gute Bretter verdorben hast.« Eulenspiegel sprach: »Lieber Meister, ich hab getan, wie Ihr mich hießet. Ist es verdorben, so ist es Eure Schuld.« Der Meister ward zornig und sagte: »Du bist ein Schalksnarr, darum heb dich aus meiner Werkstatt, deine Arbeit ist mir zu nichts nütze.« Also schied Eulenspiegel von dannen und verdiente keinen großen Dank, wiewohl er alles das tat, was man ihn hieß.

 **Wie Eulenspiegel ein Brillenmacher ward und in allen Landen keine Arbeit bekommen konnte.**

Zornig und zwieträchtig waren die Kurfürsten untereinander, so daß kein römischer Kaiser oder König gewählt ward. Da begab es sich, daß der Graf von Supplenburg von vielen Kurfürsten zum römischen König gekoren ward. Nun gab es aber andere, die meinten, sie müßten sich mit Gewalt in das Reich drängen. Da mußte dieser neugekorene König sich sechs Monate vor Frankfurt legen und warten, wer ihn da hinwegschlüge. Als nun so großes Volk zu Roß und zu Fuß beieinander war, bedachte Eulenspiegel, was es für ihn da zu tun gäbe: »Dahin kommen viele fremde Herren, die lassen mich nicht unbeschenkt. Und bekomm ich auch nur ihr Wappen*, so steht es wohl um mich.« Und er machte sich auf den Weg.
Nun zogen die Herren aus allen Landen heran. In der Wetterau bei Friedberg begab es sich, daß der Bischof von Trier mit seinem Volk Eulenspiegel auf dem Wege nach Frankfurt fand. Weil er nun seltsam gekleidet war, fragte ihn der Bischof, was er für ein Gesell wäre. Eulenspiegel antwortete: »Gnädiger Herr, ich bin ein Brillenmacher und komme aus Brabant. Da ist nichts zu tun, so wollt ich nach Arbeit wandern, denn es ist gar nichts mehr los mit unserm Handwerk.« Der Bischof sprach: »Ich meinte, dein Handwerk sollte sich alle Tage bessern, weil die Leute alle Tage schwächer werden und an Gesicht abnehmen, weshalb man vieler Brillen bedarf.« Eulenspiegel antwortete dem Bischof und sagte: »Ja, gnädiger Herr, Euer Gnaden sprechen wahr; aber eine Sache verdirbt unser Handwerk.« Der Bischof fragte: »Was ist das?« Eulenspiegel sprach: »Wenn ich das sagen dürfte, ohne daß Euer Gnaden mir deshalb zürnen!« – »Nein«, sprach der Bischof, »wir sind das wohl gewohnt von dir und

deinesgleichen. Sag's nur frei und scheue nichts!« – »Gnädiger Herr, das verdirbt das Brillenmacherhandwerk, und es ist zu befürchten, daß es noch ganz zugrunde geht, daß Ihr und andere große Herren, Päpste, Kardinäle, Bischöfe, Kaiser, Könige, Fürsten, Räte, Regierer, Richter der Städte und Länder (Gott erbarm's!) zu dieser Zeit durch die Finger sehen*, was recht ist, und das nur um Geld und Gaben willen. Aber man findet geschrieben, daß vor alten Zeiten die Herren und Fürsten, soviel ihrer waren, in den Rechtsbüchern pflegten zu lesen und zu studieren, auf daß niemandem Unrecht geschehe, und dazu hatten sie viele Brillen. Da war unser Handwerk gut. Auch studierten die Pfaffen dazumal mehr, als sie jetzt tun; also gingen die Brillen ab. Jetzt sind sie so gelehrt geworden von den Büchern, die sie kauften, daß sie ihre Zeit auswendig können und von ihren Büchern in vier Wochen nicht mehr als eins aufschlagen. Deshalb ist unser Handwerk verdorben, und ich laufe aus einem Land in das andere und kann nirgends Arbeit bekommen. Denn es ist so weit mit dem Übel gekommen, daß dies die Bauern auf dem Lande auch schon pflegen und durch die Finger sehen.«

Der Bischof verstand den Text ohne Glosse und sprach zu Eulenspiegel: »Folge uns nach gen Frankfurt, wir wollen dir Dienst und Kleider geben!« Das tat er auch und blieb bei dem Herrn so lange, bis der Graf als Kaiser bestätigt war. Dann zog er wieder nach Sachsen.

 **Wie Eulenspiegel sich zu Hildesheim bei einem Kaufmann als Koch und Stubenheizer verdingte und sich ganz schalkhaftig benahm.**

Rechts in der Straße, die zum Heumarkt führt, wohnte in Hildesheim ein reicher Kaufmann. Der ging einmal vor dem Tor spazieren und wollte in seinen Garten gehen. Unterwegs fand er Eulenspiegel auf einem grünen Acker liegen. Er grüßte ihn und fragte, was er für ein Stallbruder wäre und was sein Geschäft sei. Eulenspiegel antwortete ihm mit verdeckter Schalkheit und klug, er wäre ein Küchenjunge und hätte keinen Dienst. Da sprach der Kaufmann zu ihm: »Wenn du tüchtig sein wolltest, so nähm ich selber dich auf und gäbe dir neue Kleider und gutes Gold. Denn ich habe eine Frau, die keift alle Tage über die Köchin. Ich meine wohl ihren Dank zu verdienen.« Eulenspiegel gelobte ihm große Treue und Tüchtigkeit.

Darauf nahm ihn der Kaufmann an und fragte ihn, wie er hieße. Eulenspiegel sprach: »Herr, ich heiße Bar-tho-lo-mä-us.« Der Kaufmann sagte: »Das ist ein langer Name, und man kann ihn kaum aussprechen. Du sollst Doll heißen.« Eulenspiegel sprach: »Ja, lieber Junker, es ist mir gleich, wie ich heiße.« – »Wohlan«, sprach der Kaufmann, »du bist mir ein rechter Knecht. Komm her, komm her, geh mit mir in meinen Garten, wir wollen Kraut mit heimtragen, um junge Hühner damit zu füllen, denn ich hab auf den nächsten Sonntag Gäste eingeladen; denen möchte ich damit etwas Gutes antun.« Eulenspiegel ging mit ihm in den Garten und schnitt Rosmarin, um damit die Hühner auf welsche Manier zu füllen, die anderen mit Zwiebeln, Eiern und verschiedenen Kräutern.

Sie gingen miteinander nach Hause. Und als die Frau den seltsam gekleideten Gast sah, fragte sie ihren Ehemann, was das für ein Gesell wäre und was er mit ihm tun wollte, und ob er Sorge habe, das Brot würde schimmelig. Der Kaufmann sprach: »Liebe Frau, gib dich zufrieden! Er soll dein eigener Knecht sein; er ist ein Koch.« Die Frau sprach: »Ja, lieber Mann, er sollte wohl gute Dinge kochen!« – »Gib dich zufrieden«, sprach der Mann, »du sollst morgen sehen, was er kann.« Da rief er Eulenspiegel: »Doll!« Der antwortete: »Junker!« – »Nimm einen Sack und geh mit mir zu den Fleischbänken. Wir wollen Fleisch und einen Braten holen.« So folgte er ihm nach. Sein Junker kaufte Fleisch und einen Braten und sprach zu ihm: »Doll, lege den Braten morgen zeitig an und laß ihn kühl und langsam abbraten, daß er nicht verbrennt! Das andere Fleisch setz auch beizeiten zu, daß es zum Imbiß gesotten sei.« Eulenspiegel sagte: »Ja« und stand früh auf und setzte die Kost aufs Feuer. Den Braten aber steckte er an einen Spieß und legte ihn zwischen zwei Fässer Einbecker Bier in den Keller, daß er kühl läge und nicht verbrenne.

Als nun der Kaufmann den Stadtschreiber und andere gute Freunde zu Gast geladen hatte, da kam er und wollte nachsehen, ob Gäste schon gekommen seien und die Kost auch bereit wäre. Und er fragte seinen neuen Knecht danach. Eulenspiegel antwortete: »Es ist alles bereit, bis auf den Braten.« – »Wo ist der Braten?« fragte der Kaufmann. »Er liegt im Keller zwischen zwei Fässern. Eine kühlere Stätte wüßte ich im Hause nicht, ihn kühl zu legen, wie Ihr sagtet.« – »Ist er denn auch fertig?« fragte der Kaufmann. »Nein«, sprach Eulenspiegel, »ich wußte nicht, wann Ihr ihn haben wolltet.« Indessen kamen die Gäste; denen erzählte der Kaufmann von seinem neuen Knecht und wie er den Braten in den Keller gelegt hätte. Darüber lachten sie und hatten ihren Spaß daran. Aber die Frau war damit nicht zufrieden, der Gäste willen, und sagte dem Kaufmann, er sollte den Knecht gehen lassen. Sie wollt ihn im Hause nicht länger leiden, sie sähe, daß er ein Schalk wäre. Der Kaufmann sprach: »Liebe Frau, gib dich zufrieden! Ich werde seiner für eine Reise nach Goslar bedürfen. Wenn ich wiederkomme, will ich ihn laufen lassen.« Kaum konnte er die Frau überreden, daß sie sich damit zufriedengab.

Als sie nun aßen und tranken und des Abends guter Dinge waren, sprach der Kaufmann: »Doll, richte den Wagen gut her und schmier ihn! Wir wollen morgen nach Goslar fahren. Ein Pfaff, der heißt Herr Heinrich Hamenstede*, der dort daheim ist, will mitfahren.« Eulenspiegel sagte: »Ja« und fragte, was für eine Schmiere er dazu nehmen solle. Der Kaufmann warf ihm einen Schilling hin und sprach: »Geh und kauf Wagenschmiere, und laß die Frau altes Fett dazutun!« Er tat dies. Und als alle schliefen, schmierte Eulenspiegel den Wagen innen und außen und am allermeisten da, wo man zu sitzen pfleg. Des Morgens früh stand der Kaufmann mit dem Pfaffen auf und hieß Eulenspiegel die Pferde anspannen. Das tat er. Sie saßen auf und fuhren dahin. Da hub der Pfaff an und sprach: »Was, zum Galgen, ist hier so fettig? Ich wollte mich festhalten, daß mich der Wagen nicht schwenkt, und besudle mir die Hände überall.« Sie hießen Eulenspiegel halten und sagten zu ihm, sie wären beide hinten und vorne beschmiert. Und sie wurden sehr zornig über Eulenspiegel. Indessen kam ein Bauer mit einem Fuder Stroh, der zu Markt fahren wollte. Dem kauften sie etliche Wellen ab, wischten den Wagen und saßen wieder auf. Da sagte der Kaufmann zornerfüllt zu Eulenspiegel: »Du gottverlassener Schalk, daß dir nimmer Glück geschehe! Fahr dahin an den lichten Galgen!« Das tat Eulenspiegel. Als er nun unter den Galgen kam, hielt er an und spannte die Pferde aus. Da sprach der Kaufmann zu ihm: »Was willst du machen, oder was meinst du damit, du Schalk?« Eulenspiegel sprach: »Ihr hießt mich unter den Galgen fahren. Da sind wir. Ich meinte, wir wollten hier rasten.« Indessen sah der Kaufmann aus dem Wagen: Sie hielten unter dem Galgen. Was sollten sie tun? Sie mußten über die Torheit lachen, und der Kaufmann sprach: »Spann wieder an, du Schalk, und fahr geradeaus, was du kannst, und sieh dich nicht um!« Da zog Eulenspiegel den Nagel aus dem Lenkwagen, und als er eine Ackerlänge Wegs gefahren war, da ging der Wagen auseinander, und das Hintergestell mit dem Verdeck blieb stehen. Und Eulenspiegel fuhr für sich weiter. Sie riefen ihm nach und liefen, daß ihnen die Zunge aus dem Halse hing, bis sie ihn einholten. Der Kaufmann wollte ihn totschlagen, und der Pfaff half ihm, so gut er konnte.

Als sie die Reise vollbracht hatten und wieder nach Hause kamen, fragte die Frau, wie es ihm ergangen wäre. »Seltsam genug«, sagte der Kaufmann, »doch wir kamen wieder.« Dann rief er Eulenspiegel und sagte: »Kumpan, die Nacht bleib hier, iß und trink dich voll, und morgen räume mir das Haus! – Ich will dich nicht länger haben, du bist ein abgefeimter Schalk, wo du auch herkommst.«

Eulenspiegel sprach: »Lieber Gott, ich tu alles, was man mich heißt, und kann doch keinen Dank verdienen! Doch beliebt Euch mein Dienst nicht, so will ich morgen nach Euern Worten das Haus räumen und wandern.« – »Ja, das tu nur!« sprach der Kaufmann. Des andern Tags stand der Kaufmann auf und sagte zu Eulenspiegel: »Iß und trink dich satt und packe dich! Ich will in die Kirche gehen. Laß dich nicht wieder sehen!« Eulenspiegel, der schwieg. Sobald der Kaufmann aus dem Haus war, begann er zu räumen. Stühle, Tische, Bänke und was er tragen und schleifen konnte, brachte er auf die Gasse, auch Kupfer, Zinn und

Wachs. Die Nachbarn verwunderten sich, was daraus werden sollte, daß man alles Gut auf die Gasse brächte. Das wurde dem Kaufmann berichtet. Er kam aufgeregt und sprach zu Eulenspiegel: »Du wackerer Knecht, was tust du hier? Find ich dich noch hier!« – »Ja, Junker, ich wollt erst Euren Willen erfüllen, denn Ihr hießt mich das Haus räumen und darnach wandern«, und er sprach: »Legt mit Hand an, die Tonne ist mir zu schwer, ich kann das allein nicht bewältigen!« – »Laß liegen!« sprach der Kaufmann, »und geh zum Teufel! Es hat zuviel gekostet, als daß man es in den Dreck werfen sollte!« – »Lieber Hergott!« sprach Eulenspiegel, »ist das nicht ein großes Wunder! Ich tu alles, was man mich heißt, und kann nirgends Dank verdienen! Das laß ich mir nicht ausreden: Ich bin in einer unglücklichen Stunde geboren.«

Also schied Eulenspiegel von dannen und ließ den Kaufmann wieder hineinschleifen, was er ausgeräumt hatte, so daß die Nachbarn noch lange lachten.

Wie Eulenspiegel zu Wismar ein Pferdehändler ward und dem Pferd eines Kaufmanns den Schwanz herauszog.

Kurzweilige Schalkheit tat Eulenspiegel einem Roßtäuscher zu Wismar an der See an. Denn dorthin kam allzeit ein Roßtäuscher, der kaufte kein Pferd, ohne daß er darum feilschte und dabei die Pferde beim Schwanz zog. Das tat er auch bei den Pferden, die er nicht kaufte. Er stellte beim Ziehen fest, ob das Roß lange leben würde. Woran er es merkte, war dies: Hatte ein Pferd einen langen Schwanz, so zog er daran; stand dem Pferde das lange Haar locker im Schwanz, so kaufte er das nicht, denn er glaubte, daß es nicht lang leben würde. Stand ihm aber das Haar fest im Schwanz, so kaufte er es, denn er hatte den Glauben, daß es lange leben würde und harter Natur wäre. Das war allgemein in der Stadt Wismar bekannt, so daß sich ein jeder danach richtete.

Das erfuhr Eulenspiegel, und er dachte: Dem mußt du eine Schalkheit antun, es sei, was es wolle, daß der Irrtum aus dem Volk herauskommt. Nun verstand sich Eulenspiegel etwas auf schwarze Kunst. Er nahm ein Pferd und machte das mit der schwarzen Kunst zurecht, wie er es haben wollte, und zog damit zu Markt und bot es den Leuten teuer feil, damit sie es ihm nicht abkauften. Das tat er so lange, bis dieser Kaufmann kam, der die Pferde beim Schwanze zog. Dem bot er das Pferd zu einem billigen Preis. Der Kaufmann sah wohl, daß das Pferd schön war und das Geld wert sei, und ging hinzu und wollte es fest am Schwanze ziehen. Aber Eulenspiegel hatte das so vorbereitet: Sobald er das Roß beim

Schwanze zog, behielt er den in der Hand, und das Pferd war so hergerichtet, als ob er ihm den Schwanz herausgezogen hätte. Der Kaufmann stand und war verdutzt, und Eulenspiegel rief: »Rabio über diesen Bösewicht! Seht, liebe Bürger, wie er mein Pferd verhunzt und verdorben hat!« Die Bürger kamen hinzu und sahen, daß der Kaufmann den Pferdeschwanz in der Hand hielt und das Pferd seinen Schwanz nicht mehr hatte und der Kaufmann sich sehr fürchtete. Da legten sich die Bürger ins Mittel und bewirkten, daß der Kaufmann Eulenspiegel zehn Gulden gab und dieser sein Pferd behielt. Eulenspiegel ritt mit seinem Pferd hinweg und setzte ihm den Schwanz wieder an. Und der Kaufmann zog von dieser Zeit kein Pferd mehr beim Schwanze.

 **Wie Eulenspiegel einem Pfeifendreher zu Lüneburg eine große Schalkheit antat.**

Zu Lüneburg wohnte ein Pfeifendreher, der war ein Landfahrer gewesen und mit dem Lotterholz umhergezogen. Der saß beim Bier. Eulenspiegel kam zu dem Gelag und hatte da viel Gesellschaft. Da lud dieser Pfeifendreher Eulenspiegel zu Gast in der Absicht, ihn zu äffen, und sprach zu ihm: »Komm morgen zu Mittag und iß mit mir, wenn du kannst!« Eulenspiegel sagte: »Ja« und durchschaute die Sache nicht sogleich und kam des andern Tages und wollt zu dem Pfeifendreher zu Gast gehen. Als er nun vor die Tür kam, da war die Tür oben und unten zugeschlagen, und alle Fenster waren geschlossen. Eulenspiegel ging vor der Tür hin und her, zwei- oder dreimal, so lange, bis es Nachmittag ward, aber das Haus blieb immer zu. Da merkte er wohl, daß er beschissen war. Er lief davon und schwieg still bis zum anderen Tag.

Da ging Eulenspiegel zu dem Pfeifendreher auf den Markt und sprach zu ihm: »Seht, braver Mann, pflegt Ihr das zu tun, wenn Ihr Gäste einladet, daß Ihr selber ausgeht und schließt die Tür unten und oben zu?« Der Pfeifenmacher sprach: »Hörtest du nicht, wie ich dich bat? Ich sagte: Komm morgen zu Mittag und iß etwas mit mir, wenn du kannst! Nun fandest du die Tür zugeschlagen, so konntest du nicht hineinkommen.« Eulenspiegel sprach: »Hab Dank dafür, das wußt ich noch nicht, ich lerne noch alle Tage.« Der Pfeifenmeister lachte und sprach: »Ich will dich nicht zum besten haben. Geh nun hin, meine Tür steht offen, du findest Gesottenes und Gebratenes bei dem Feuer! Geh voraus, ich komme dir nach! Du sollst allein sein, ich will keinen Gast außer dir haben.« Eulenspiegel dachte: Das wird gut. Und er ging eilends zu des Pfeifenmachers Haus und fand es so, wie der ihm gesagt hatte. Die Magd wendete den Braten, und die Frau ging umher und richtete zu. Und Eulenspiegel trat in das Haus und sagte zu der Frau, sie sollt mit der Magd rasch zu ihrem Hauswirt kommen, dem wäre ein großer Fisch geschenkt worden, ein Stör, den sollt sie ihm heimtragen helfen. Er wollte solange den Braten wenden. Die Frau sagte: »Ach ja, lieber Eulenspiegel, ich will mit der Magd gehen und schnell wiederkommen.« Er sprach: »Geht rasch!« Die Frau und die Magd gingen zum Markt. Der Pfeifendreher kam ihnen unterwegs entgegen und fragte, was sie zu laufen hätten. Sie sprachen, Eulenspiegel wär ins Haus gekommen und hätte gesagt, ihm wär ein großer Stör geschenkt worden, den sollten sie heimtragen helfen. Der Pfeifenmacher ward zornig und sprach zu der Frau: »Konntet ihr nicht zu Hause bleiben? Er hat das nicht umsonst getan, es steckt eine Schalkheit dahinter.«
Dieweil hatte Eulenspiegel das Haus oben und unten zugeschlossen und alle Fenster, und als der Pfeifendreher mit der Frau und der Magd vor

sein Haus kamen, fanden sie die Tür versperrt. Da sprach er zu seiner Frau: »Nun siehst du wohl, was du für einen Stör holen solltest.« Und sie klopften an die Tür. Eulenspiegel kam an die Tür und sagte: »Laßt euer Klopfen, ich lasse niemanden ein, denn der Wirt hat mir befohlen und zugesagt, ich sollt allein hinnen sein, er wolle keinen Gast haben als mich. Geh nur fort und kommt nach dem Essen wieder!« Der Pfeifenmacher sprach: »Das ist wahr, ich sagte so; aber ich meinte es nicht so. Nun laßt ihn essen; ich will's ihm mit einer anderen Schalkheit vergelten.« Er ging mit der Frau und der Magd in des Nachbarn Haus, und sie warteten so lange, bis Eulenspiegel fertig war.

Eulenspiegel kochte das Essen gar, setzte es auf den Tisch und aß sich voll und setzte die Speise dann wieder auf, solange es ihm gut deuchte. Dann schloß er die Tür auf und ließ sie offen stehen. Der Pfeifenmacher kam und sprach: »Das pflegen keine braven Leute zu tun, daß ein Gast den Wirt vor die Tür schließt, der ihn zu Gast geladen hat.« Da sprach Eulenspiegel. »Soll ich das selbander tun, was ich allein tun sollte? Wenn ich zu Gast geladen würde, wo niemand essen sollte als ich, und ich brächte ihm dann mehr Gäste, das würde dem Wirt nicht gefallen.« Und er ging mit diesen Worten aus dem Haus. Der Pfeifenmacher sah ihm nach: »Nun, ich zahl dir's heim, wie schalkhaft du bist!« Eulenspiegel sprach: »Wer's am besten kann, der sei Meister!«

Da ging der Pfeifenmacher alsbald zu dem Schinder und sagte, in der Herberge sei ein braver Mann, der heiße Eulenspiegel. Dem sei ein Pferd gestorben, das solle er hinausführen; und er zeigte ihm das Haus. Der Schinder sah wohl, daß es der Pfeifenmacher war, und sagte: »Ja«, er wolle das tun, und fuhr mit dem Schinderkarren vor die Herberge, die ihm der Pfeifenmacher gezeigt hatte, und fragte nach Eulenspiegel. Eulenspiegel kam vor die Tür und fragte, was er haben wolle. Der Schinder erzählte, der Pfeifenmacher wär bei ihm gewesen und hätte ihm gesagt, daß ihm ein Pferd gestorben wäre, das sollt er hinausführen, und ob er Eulenspiegel heiße und ob es an dem wäre. Eulenspiegel kehrte sich um, zog die Hosen herunter und zerrte den Arsch auf mit den Händen: »Sieh her und sag dem Pfeifenmacher: Wenn Eulenspiegel in dieser Gasse nicht gewesen ist, so wüßt ich nicht, in welcher Straße er sonst sitzt.« Der Schinder ward zornig und fuhr mit dem Schinderkarren vor des Pfeifenmachers Haus und ließ den Karren da stehen und verklagte den Pfeifenmacher vor dem Rat. So mußte dieser dem Schinder zehn Gulden geben. Eulenspiegel aber sattelte sein Pferd und ritt aus der Stadt.

 **Wie Eulenspiegel von einer alten Bäuerin verspottet wurde, als er seine Tasche verloren hatte.**

Vor alten Zeiten wohnte zu Gerdau im Lande Lüneburg ein Paar alter Leute, die an die fünfzig Jahre im ehelichen Stande beieinander gelebt und große Kinder hatten, die schon versorgt und verheiratet waren. Nun war zu der Zeit ein ganz schlauer Pfaff auf der Pfarre dort, der allezeit gern dabei war, wo man praßte und schlemmte. Derselbe Pfaff richtete es mit seinen Pfarrleuten so ein, daß wenigstens ein oder zwei Tage im Jahr jeder Bauer ihn zu Gast hatte und mit seiner Magd aushalten und ihnen gütlich tun mußte. Nun hatten die zwei alten Leute in vielen Jahren keine Kirchweihe, Kindtaufe oder Einladung erhalten, davon der Pfaff eine Schlemmerei hätte haben mögen. Das verdroß ihn, und er bedachte in seinem Sinn, wie er den Bauern dazu brächte, daß er ein Gastmahl gäbe.

Er sandte ihm einen Boten und ließ fragen, wie lange er mit seiner Frau im ehelichen Stande gelebt hätte. Der Bauer antwortete dem Pfarrer: »Lieber Herr Pfarrer, das ist so lange, daß ich es vergessen habe.« Darauf antwortete der Pfarrer: »Das wäre ein gefährlicher Zustand für eurer Seelen Heil. Wäret ihr fünfzig Jahre beieinander gewesen, so wär der Gehorsam des ehelichen Standes beendet, wie der eines Mönches zu einem Kloster*. Darüber besprich dich mit deiner Frau und kommt wieder zu mir und unterrichte mich der Dinge, auf daß ich euch raten helf zu eurer Seelen Seligkeit, wozu ich euch und allen meinen Pfarrkindern verpflichtet bin.« Der Bauer tat dies und überschlug das mit seiner Frau und konnte doch nicht genau die Zahl der Jahre ihres ehelichen Standes dem Pfarrer anzeigen, daß er ihnen um ihrer Unwürdigkeit willen einen guten Rat in dieser Sache gäbe. Der Pfarrer sagte: »Da ihr keine gewisse Zahl wißt, so will ich aus Sorge um eure Seelen euch nächstkünftigen Sonntag aufs neue wieder zusammengeben, falls ihr nicht mehr im ehelichen Stande wäret, daß ihr wieder hineinkommt. Und darum schlachte einen guten Ochsen, Schaf und Schwein, bitte dann Kinder und gute Freunde zu deiner Kost und tu denen gütlich, so will ich auch bei dir sein!« – »Ach ja, lieber Pfarrer, so soll es sein; es soll uns an einem Schock Hühner nicht liegen. Sollten wir so lange beieinander gewesen sein und nun erst außer dem ehelichen Stande leben, das wär nicht gut.«

Damit ging er nach Hause und richtete zu. Der Pfarrer lud zu solcher Kost etliche Prälaten und Pfaffen ein, mit denen er bekannt war. Unter denen war der Propst von Ebsdorf, der allezeit ein säuberliches Pferd oder zwei hatte und auch gern Essen sehen mochte. Zu Eulenspiegel, der bei diesem eine Zeitlang gewesen war, sprach der Propst: »Steig auf meinen jungen Hengst und reite mit, du sollst willkommen sein!« Das tat Eulenspiegel. Als sie nun ankamen, aßen und tranken und fröhlich waren, da war die alte Frau, die die Braut sein sollte, oben am Tisch, wo die Bräute zu sitzen pflegen. Da sie müde wurde und ihr schwach ward, ließ man sie hinaus. So ging sie hinter ihren Hof an das Wasser Gerdau und setzte ihre Füße in das Wasser.

Indem wollte der Propst mit Eulenspiegel nach Ebsdorf heimreiten. Da machte Eulenspiegel der Braut auf dem jungen Hengste mit schönen Sprüngen Spaß und trieb es so arg, daß ihm seine Tasche und der Gürtel, die man zu dieser Zeit zu tragen pflegte, von der Seite fielen. Als das die gute alte Frau sah, stand sie auf und nahm die Tasche und ging zum Wasser, darauf zu sitzen. Da nun Eulenspiegel eine Ackerlänge hinweggeritten war, vermißte er erst seine Tasche und rannte kurzum wieder gen Gerdau und fragte die gute alte Bäuerin, ob sie nicht einer alten pelzigen Tasche gewahr geworden oder sie gefunden hätte. Die alte Frau sprach: »Ja, Freund, bei meiner Hochzeit bekam ich eine pelzige Tasche, die hab ich noch und sitze darauf. Ist es die?« – »Oho, das ist lang her«, sprach Eulenspiegel, »daß du eine Braut warst. Das muß notwendigerweise nun eine alte rostige Tasche sein. Ich begehr deine alte Tasche nicht.« Aber Eulenspiegel, so schalkhaft und listig er war, so ward er dennoch von der alten Bäuerin geäfft und mußte seiner Tasche entbehren. Dieselben pelzigen Brauttaschen haben die Frauen zu Gerdau noch. Ich glaube, daß die alten Witwen dort die Taschen in Verwahrung haben. Wem etwas daran gelegen ist, der möge dort nachfragen.

 **Wie Eulenspiegel vor Uelzen einen alten Bauer um ein grünes Londoner Tuch betrog und ihn überredete, daß es blau wäre.**

Gesottenes und Gebratenes wollte Eulenspiegel allzeit essen. Darum mußte er sehen, wo er es hernähme. Einmal kam er auf den Jahrmarkt zu Uelzen, den viel wendisches und anderes Landvolk besuchte. Dort ging er hin und her und besah allerorten, was da zu tun oder zu schaffen war. Unter anderem sah er, daß da ein Landmann ein grünes Londoner Tuch kaufte und damit nach Hause wollte. Da bedachte sich Eulenspiegel schließlich, wie er den Bauern um das Tuch betrügen möchte, und fragte nach dem Dorf, wo der Bauer zu Hause war, und nahm einen Schottenpfaffen* und einen anderen losen Gesellen mit sich und ging mit ihnen aus der Stadt den Weg, den der Bauer mit dem grünen Tuch käme, das blau sein sollte. Einer sollte immer eine halbe Ackerlänge Weges vom anderen entfernt stadtwärts gehen.

Als nun der Bauer mit dem Tuch aus der Stadt kam, willens, es heimzutragen, sprach ihn Eulenspiegel an, wo er das schöne blaue Tuch gekauft hätte. Der Bauer antwortete, es wäre grün und nicht blau. Eulenspiegel sagte, es wäre blau, darauf wollt er zwanzig Gulden setzen, und der nächste Mensch, der daherkäme und blau und grün unterscheiden könnte, sollt ihm das wohl sagen, daß sie einig werden könnten. Da gab Eulenspiegel dem ersten ein Zeichen, daß er käme. Zu dem sprach der Bauer: »Freund, wir zwei sind verschiedener Meinung über die Farbe dieses Tuches. Sag die Wahrheit, ob es grün oder blau sei, und was du sagst, dabei wollen wir es bewenden lassen.« Dieser hob es auf und sagte, es sei ein schönes blaues Tuch. Der Bauer sprach: »Nein, ihr seid zwei Schälke. Ihr habt es miteinander ausgemacht, mich zu betrügen.« Da sprach Eulenspiegel: »Wohlan, damit du siehst, daß ich recht habe, will ich nachgeben und will es dem frommen Priester überlassen, der da kommt; was er uns sagt, soll mir wohl oder wehe tun.« Damit war der Bauer auch zufrieden.

Als nun der Pfaff näherkam, sprach Eulenspiegel: »Herr, sagt recht, was für eine Farbe hat dieses Tuch?« Der Pfaff sagte: »Freund, das seht Ihr selber wohl.« Der Bauer sprach: »Ja, Herr, das ist wahr, aber die zwei wollen mich zu einem Ding überreden, von dem ich weiß, daß es gelogen ist.« Der Pfaff sprach: »Was hab ich mit euerm Hader zu schaffen? Was frag ich danach, ob es schwarz oder weiß ist!« – »Ach, lieber Herr«, sagte der Bauer, »gebt uns die Entscheidung, ich bitt Euch darum.« – »Da Ihr es haben wollt«, sprach der Pfaff, »so kann ich nicht anders erkennen, als daß das Tuch blau ist.« – »Hörst du das wohl?« sprach Eulenspiegel, »das Tuch ist mein.« Der Bauer sagte zu dem Pfaffen: »Fürwahr, Herr, wenn Ihr nicht ein geweihter Priester wäret, so meint ich, daß Ihr lügt und ihr alle drei Schälke wäret. Aber da Ihr ein Priester seid, muß ich Euch das glauben.« Und er überließ Eulenspiegel und seinen Gesellen das Tuch, mit dem sie sich für den Winter einkleideten, und der Bauer mußte in seinem zerrissenen Rock heimgehen.

 **Wie Eulenspiegel zu Hannover in die Badstube schiß und meinte, es wäre ein Haus der Reinigung.**

In der Badstube zu Hannover vor dem Leintor wollte der Bader nicht, daß es eine »Badstube« heißen sollte, sondern ein »Haus der Reinigung«. Davon hörte Eulenspiegel, und als er nach Hannover kam, ging er in diese Badstube, zog sich aus und sprach, als er in die Badstube trat: »Gott grüß Euch, Herr, und Euer Hausgesind und alle, die ich in diesem reinen Hause find!« Dem Bader war es lieb, er hieß ihn willkommen und sprach: »Herr Gast, Ihr sagt mit Recht, das ist ein reines Haus und ist auch ein ›Haus der Reinigung‹ und keine ›Badstube‹, denn der Staub ist in der Sonne, auch in der Erde, in der Asche und in dem Sand.«

Eulenspiegel sprach: »Daß dies ein ›Haus der Reinigung‹ ist, das ist offenbar, denn wir gehen unrein hinein und rein wieder heraus.« Mit diesen Worten schiß Eulenspiegel einen großen Haufen in den Wassertrog mitten in der Badstube, daß es in der ganzen Stube stank. Da sprach der Bader: »Nun seh ich wohl, daß die Worte und Werke nicht gleich sind; deine Worte waren gediegen, aber deine Werke stinken übel. Pflegt man dies im ›Haus der Reinigung‹ zu tun?« Eulenspiegel sprach: »Ist das

nicht ein ›Haus der Reinigung‹? Und ich hatte innen die Reinigung nötiger als außen. Ich wäre sonst nicht hereingekommen.« Der Bader sprach: »Diese Reinigung pflegt man auf dem heimlichen Gemach. Dies ist ein Haus der Reinigung durch Schwitzen, und du machst daraus ein Scheißhaus.« Eulenspiegel sprach: »Ist das nicht Dreck, der vom Menschenleib kommt? Soll man sich reinigen, so muß man sich innen ebenso reinigen wie außen.« Der Bader ward zornig und sprach: »So was wie dieses hier pflegt man auf dem Scheißhaus abzureinigen, und der Schinder pflegt es hinauszuführen zur Aasgrube. Das pflege ich nicht auszuwaschen und wegzuwerfen.«

Und hiermit hieß der Bader Eulenspiegel aus der Badstube gehen. Eulenspiegel sprach: »Herr Wirt, laßt mich zuvor für mein Geld baden. Ihr wollt viel Geld haben, so will ich auch gut baden.« Der Bader sprach, er sollt nur aus seiner Stube gehen. Er wolle sein Geld nicht haben. Wollte er nicht gehen, so würde er ihm bald die Tür zeigen. Eulenspiegel dachte: Es ist böse, hier nackt mit Schermessern zu fechten, und er ging zur Tür hinaus und sprach: »Was hab ich für einen Dreck so wohl gebadet« und zog sich in einer Stube wieder an, wo der Bader mit seinem Gesinde zu essen pflegte. Da sperrte ihn der Bader ein, er wollte ihn so erschrecken, als ob er ihn gefangennehmen lassen wollte, aber er wollte ihm nur drohen. Dieweil meinte Eulenspiegel, er hätte sich in der Badstube nicht genug gereinigt. Er sah einen zusammengelegten Tisch, tat ihn auf und schiß einen Dreck darauf und machte ihn wieder zu. Darauf ließ ihn der Bader hinaus, und sie waren sich wieder einig. Da sagte ihm Eulenspiegel: »Lieber Meister, in dieser Stube hab ich mich erst ganz gereinigt. Gedenkt meiner gütig, ehe es Mittag wird. Ich scheide davon.«

 **Wie Eulenspiegel zu Bremen von den Landfrauen Milch kaufte und sie zusammenschüttete.**

Seltsame und lächerliche Dinge trieb Eulenspiegel zu Bremen. Denn einstmals kam er dort auf den Markt und sah, daß die Bäuerinnen viel Milch zu Markt trugen. So wartete er einen Markttag ab, und wieder wurde viel Milch herangebracht. Da verschaffte er sich eine große Bütte und setzte sie auf den Markt und kaufte alle Milch, die auf den Markt kam, und ließ sie in die Bütte schütten. Und er schrieb einer jeden Frau ringsumher an, der einen so viel, der anderen so viel und so immerfort, und er sagte zu den Frauen, daß sie so lange warten sollten, bis er alle Milch beieinander hätte, dann wolle er einer jeglichen ihre Milch bezahlen.

Die Frauen saßen auf dem Markt in einem Ring um ihn herum. Eulenspiegel kaufte so viel Milch, bis keine Frau mehr mit Milch kam und der Zuber beinahe voll war. Da begann er mit seinem Spaß und sagte: »Ich hab diesmal kein Geld. Wer von euch nicht vierzehn Tage warten will, mag die Milch wieder aus der Bütte nehmen.« Damit ging er hinweg.

Die Bäuerinnen machten ein Gegröl und einen Rumor. Die eine hätte so viel gehabt, die andere so viel, die dritte desgleichen, und so weiter, so daß die Frauen sich darüber mit den Eimern, Fäßchen und Flaschen die Köpfe bewarfen und schlugen. Und sie gossen sich die Milch in die Augen und in die Kleider und schütteten sie auf die Erde, so daß es aussah, als hätte es Milch geregnet. Die Bürger und alle, die das sahen, lachten über den Spaß, daß die Frauen so zu Markte gingen. Und Eulenspiegel ward sehr gelobt wegen seiner Schalkheit.

 **Wie Eulenspiegel zu Bremen seinen Gästen den Braten aus dem Hintern beträufte, den niemand essen wollte.**

Als nun Eulenspiegel diese Büberei zu Bremen ausgerichtet hatte, ward er wohlbekannt, so daß die Bürger ihn gut leiden mochten und ihn mit seinen Späßen haben wollten. Und Eulenspiegel weilte daraufhin lange in der Stadt.

Da gab es nun eine Gesellschaft von Bürgern und anderen Einwohnern, Kaufleuten, die Gelage miteinander hielten, so daß einer nach dem anderen einen Braten, Käs und Brot gab, und wer ohne triftige Entschuldigung fernblieb, der mußte dem Gastgeber die ganze Zeche zu Bremer Marktpreisen bezahlen. Und in diese Gesellschaft geriet Eulenspiegel, und sie nahmen ihn zu sich als einen Spaßmacher, daß er die Mahlzeit mit ihnen hielte. Als nun das Gelage reihum ging, fiel es auch auf Eulenspiegel. Da lud er seine Zechgesellen in seine Herberge ein, und er kaufte ihnen einen Braten und legte ihn aufs Feuer. Als nun die Imbißzeit heranrückte, kamen die Zechgesellen auf dem Markt zusammen und besprach sich untereinander, wie sie Eulenspiegel die Ehre geben wollten, und einer fragte den andern, ob niemand wüßte, ob er auch etwas gekocht hätte oder nicht, auf daß sie nicht vergebens zu ihm kämen. Und sie wurden einig, daß sie zusammen zu ihm gehen wollten: besser empfängen sie den Spott gemeinsam als einer allein.

Als nun die Zechgesellen an die Herberge kamen, in der Eulenspiegel war, da nahm er ein Stück Butter und stieß das hinten in seine Kerbe und kehrte den Arsch zu dem Feuer über den Braten und beträufte so den Braten mit der Butter aus der Kerbe. Und als die Gäste nun an die

Tür kamen und stehenblieben und feststellen wollten, ob er etwas gekocht hätte, da sahen sie, daß er derart bei dem Feuer stand und den Braten beträufte. Da riefen sie: »Der Teufel sei dein Gast! Ich eß den Braten nicht.« Und Eulenspiegel mahnte sie um die Kosten des Mahls, die sie ihm alle gern gaben, auf daß sie von dem Braten nicht zu essen brauchten.

Wie Eulenspiegel zwölf Blinden zwölf Gulden gab, so daß sie meinten, sie könnten frei zehren, zuletzt aber ganz übel dabei wegkamen.

Als nun Eulenspiegel landauf und landab wanderte, kam er einmal wieder gen Hannover und trieb da viel seltsame Abenteuer. Eines Tages ritt er vor dem Tor eine Ackerlänge Wegs spazieren, da begegneten ihm zwölf Blinde. Als nun Eulenspiegel zu ihnen kam, sprach er: »Woher, ihr Blinden?« Die Blinden blieben stehen und hörten wohl, daß er auf einem Pferde saß. Da meinten sie, es wär ein ansehnlicher Herr, und zogen ihre Hüte und Kappen und sprachen: »Lieber Junker, wir sind in der Stadt gewesen; da ist ein reicher Mann gestorben, dem hielt man ein Seelenamt und gab Spenden, und es war grausig kalt.« Da sprach Eulenspiegel zu den Blinden: »Es ist sehr kalt, ich fürchte, ihr friert zu Tode. Seht, hier habt ihr zwölf Gulden. Geht wieder in die Stadt in die Herberge, aus der ich geritten komme« – und er nannte ihnen das Haus – »und verzehrt diese zwölf Gulden um meinetwillen, bis diese Winterskälte vorüber ist, so daß ihr wieder ohne zu frieren wandern könnt.«
Die Blinden standen und verneigten sich und dankten ihm eifrig. Und es meinte der eine Blinde, der andere hätte das Geld, und der andere meinte, der dritte hätte es, und der dritte meinte, der vierte, und so fort bis zum letzten, der meinte, der erste hätte es.
Also gingen sie zur Stadt in die Herberge, wohin Eulenspiegel sie gewiesen hatte. Als sie nun in die Herberge kamen, sprachen diese Blinden alle, daß ein guter Mann an ihnen vorbeigeritten wäre und ihnen um Gottes Lohn zwölf Gulden gegeben hätte. Die sollten sie um seinetwillen verzehren, bis die Kälte vorüber wäre. Der Wirt war gierig nach dem Gelde und nahm sie dafür an, und er dachte nicht daran, sie zu fragen und nachzusehen, welcher Blinde die zwölf Gulden hätte. Er sprach: »Ja, meine lieben Brüder, ich will euch gütlich tun.« Er schlachtete und backte und kochte den Blinden und ließ sie so lange essen, bis ihm deuchte, daß sie zwölf Gulden verzehrt hätten. Da sprach er: »Liebe Brüder, wollen wir rechnen? Die zwölf Gulden sind wohl nun verzehrt.« Die Blinden sagten: »Ja«, und je einer sprach den andern an, welcher

die zwölf Gulden hätte, der solle den Wirt bezahlen. Der eine hatte die zwölf Gulden nicht, der andere hatte sie auch nicht, der dritte wieder nicht, der vierte desgleichen; der letzte wie der erste hatte die zwölf Gulden nicht. Die Blinden saßen da und kratzten sich die Köpfe, denn sie waren betrogen. Der Wirt desgleichen; er saß und dachte: Schickst du sie weg, so wird dir deine Kost nicht bezahlt; behältst du sie, so fressen und zechen sie noch mehr, und sie haben doch nichts, und du kommst zu doppeltem Schaden. Er steckte sie hinten in den Schweinestall, schloß sie darin ein und legte ihnen Stroh und Heu vor.
Eulenspiegel dachte, es sollte nun wohl an der Zeit sein, daß die Blinden das Geld verzehrt hätten, verkleidete sich und ritt in die Stadt zu diesem Wirt in die Herberge. Als er nun in den Hof kam und sein Pferd in den Stall binden wollte, sah er, daß die Blinden im Schweinestall lagen. Da ging er in das Haus und sprach zu dem Wirt: »Herr Wirt, was habt Ihr damit im Sinn, daß Ihr die armen blinden Leute so in den Stall legt? Erbarmt Ihr Euch dessen nicht, daß sie essen, wovon ihnen Leib und Leben weh tut?« Der Wirt sprach: »Ich wollte, sie wären dort, wo alle Wasser zusammenlaufen; wenn ich nur meine Kost bezahlt bekommen hätte!« Und er berichtete ihm alles, wie er mit den Blinden betrogen worden wäre. Eulenspiegel sprach: »Wie, Herr Wirt, können sie keinen Bürgen bekommen?« Der Wirt dachte: O hätt ich jetzt einen Bürgen! und sprach: »Freund, könnt ich einen sichern Bürgen bekommen, den nähm ich an und ließ die unseligen Blinden laufen.« Eulenspiegel sprach: »Wohlan, ich will in der ganzen Stadt herumhorchen und sehen, daß ich für Euch einen Bürgen beschaffe.«
Da ging Eulenspiegel zu dem Pfarrer und sprach: »Mein lieber, trauter

Herr Pfarrer, wollt Ihr als ein guter Freund handeln? Da ist mein Wirt, der ist in dieser Nacht von einem bösen Geist besessen worden und läßt Euch bitten, daß Ihr ihm diesen herausbeschwören wollt.« Der Pfarrer sprach: »Ja, aber er muß einen Tag oder zwei warten: solche Dinge kann man leicht übereilen.« Eulenspiegel sprach: »Ich will gehen und seine Frau holen, daß Ihr es zu ihr selber sagt.« Der Pfarrer sprach: »Ja, laß sie herkommen!« Da ging Eulenspiegel wieder zu seinem Wirt und sagte zu ihm: »Ich hab Euch einen Bürgen beschafft, das ist hier Euer Pfarrer. Der will dafür gutstehen und Euch geben, was Ihr haben müßt. Laßt Eure Frau mit mir zu ihm gehen, er will ihr das zusagen!«

Der Wirt war damit einverstanden und froh und sandte seine Frau mit Eulenspiegel zu dem Pfarrer. Da hub Eulenspiegel an: »Herr Pfarrer, hier ist die Frau! Sagt Ihr nun selber, was Ihr mir gesagt und gelobt habt!« Der Pfarrer sprach: »Ja, meine liebe Frau, laßt einen Tag oder zwei Tage vergehen, so will ich ihm helfen.« Die Frau sagte: »Ja« und ging mit Eulenspiegel wieder nach Hause und sagte das ihrem Hauswirt. Der Wirt war froh und ließ die Blinden gehen und sprach sie ihrer Schuld ledig. Eulenspiegel machte sich auf und schlich von dannen.

Des dritten Tages ging die Frau den Pfarrer mahnen um die zwölf Gulden, welche die Blinden verzehrt hätten. Der Pfarrer sprach: »Liebe Frau, hat Euch Euer Hauswirt das geheißen?« Die Frau sprach: »Ja.« Der Pfarrer sagte: »Das ist der bösen Geister Eigenschaft, daß sie Geld haben wollen.« Die Frau sprach: »Das ist kein böser Geist; bezahlt ihm die Kost!« Der Pfarrer sagte: »Mir ist gesagt worden, Euer Hauswirt sei von dem bösen Geist besessen. Holt ihn her, ich will ihn davon befreien mit Gottes Hilfe!« Die Frau sprach: »So pflegen Schälke zu tun, die lügen, wenn sie bezahlen sollen. Ist mein Hauswirt vom bösen Geist besessen, so sollst du das in aller Kürze erfahren!«

Sie lief nach Hause und sagte ihrem Wirt, was der Pfarrer gesagt hätte. Der Wirt bewaffnete sich mit Spießen und Hellebarden und lief zum Pfarrhof. Der Pfarrer wurde des gewahr und rief seine Nachbarn zu Hilfe, segnete sich und sprach: »Kommt mir zu Hilfe, meine lieben Nachbarn! Seht, dieser Mensch ist besessen von einem bösen Geiste!« Der Wirt rief: »Pfaff, bedenk's und bezahl mich!« Der Pfarrer stand und segnete sich. Der Wirt wollte auf den Pfarrer losschlagen, die Bauern aber fuhren dazwischen und konnten sie nur mit großer Not voneinanderbringen.

Und solange die beiden lebten, mahnte der Wirt den Pfarrer um die Kosten. Und der Pfarrer sprach, er wär ihm nichts schuldig, sondern er wäre vom bösen Geist besessen, und er wollte ihn bald davon befreien. Das währte, solange die beiden lebten.

 **Wie Eulenspiegel in einer Stadt im Sachsenland Steine säte und, als er darum angesprochen wurde, antwortete, er säe Schälke.**

Kurze Zeit darnach kam Eulenspiegel in eine Stadt an der Weser und sah alle Händel unter den Bürgern und was ihre Anschläge waren, so daß er all ihrer Lebensweise inne ward und wußte, wie es um ihr Geschäft und ihren Handel bestellt war. Denn er hatte dort vierzehn Herbergen, und was er in einem Hause mißte, das fand er in dem andern wieder, und er hörte und sah, was er noch nicht wußte. Und sie wurden seiner müde, desgleichen ward er ihrer auch müde. Da sammelte er am Wasser kleine Steine und ging auf der Gasse vor dem Rathaus auf und nieder und säte seine Saat nach beiden Seiten. Da kamen die fremden Leute hinzu und fragten ihn, was er säe. Eulenspiegel sprach: »Ich säe Schälke.« Die Kaufleute* sagten: »Deren brauchst du nicht zu säen, deren gibt's hier schon mehr als gut ist.« Eulenspiegel sprach: »Das ist wahr, die wohnen hier in den Häusern, sie sollten herauslaufen.« Sie sprachen: »Warum säst du nicht auch brave Leute?« Eulenspiegel sprach: »Brave Leute, die wollen hier nicht aufgehn.«

Solche Worte kamen vor den Rat, und Eulenspiegel wurde zitiert, und es wurde ihm geboten, seinen Samen wieder aufzuheben und sich aus der Stadt zu scheren. Das tat er und kam zehn Meilen von dort in eine andere Stadt, da er mit der Saat nach Dithmarschen gehen wollte. Aber das Gerücht war vor ihm in die Stadt gelangt. Er durfte nur in die Stadt kommen, wenn er gelobte, ohne zu essen und zu trinken mit seiner Saat durch die Stadt hindurchzuziehen. Da es nun nicht anders sein konnte, mietete er ein Schifflein und wollte seinen Sack samt der Saat und seinem Kram in das Schiff heben lassen. Als der Sack aber von der Erde aufgehoben ward, riß er mitten entzwei, und die Saat und der Sack blieben dort liegen. Eulenspiegel lief weg und soll noch heute wiederkommen.

 **Wie Eulenspiegel zu Hamburg sich bei einem Barbier verdingte und dem Meister durch die Fenster in die Stube ging.**

Einstmals kam Eulenspiegel gen Hamburg auf den Hopfenmarkt und blieb stehen und sah sich um. Da kam ein Bartscherer gegangen, der fragte ihn, wo er herkäme. Eulenspiegel sprach: »Ich komme von dort her.« Der Meister fragte ihn: »Was bist du für ein Handwerksgesell?« Eulenspiegel sagte: »Ich bin ein Barbier, kurz gesagt.« Der Meister dingte ihn. Und dieser Barbier wohnte auf dem Hopfenmarkt, gerade gegenüber, wo sie standen, und das Haus hatte hohe Fenster nach der Straße zu, wo die Barbierstube war. Da sagte der Meister zu Eulenspiegel: »Sieh, das Haus da gegenüber, wo die hohen Fenster sind, da geh hinein. Ich will gleich nachkommen.«

Eulenspiegel sagte: »Ja« und ging geradewegs zu dem Hause hin und durch die hohen Fenster hinein und sagte: »Gott zur Ehr! Gott grüß das Handwerk!« Die Frau des Bartscherers saß in der Stube und spann. Sie erschrak allzumal und rief: »Dich führt wohl der Teufel her! Was kommst du durch die Fenster? Ist dir das Tor nicht weit genug?« Eulenspiegel sprach: »Liebe Frau, zürnt nicht! Euer Hauswirt hat mich das geheißen und hat mich als Knecht gedingt.« Die Frau sprach: »Das ist mir ein getreuer Knecht, der seinem Meister Schaden tut.« Eulenspiegel sprach: »Liebe Frau, soll ein Knecht nicht tun, was ihn sein Meister heißt?« Indessen kam der Meister, hörte und sah, was Eulenspiegel angerichtet hatte. Da sprach der Meister: »Wie, Knecht, konntest du nicht zur Tür hineingehen und mir die Fenster ganz lassen? Was hattest du doch für eine Ursache, daß du mir durch die Fenster hereingekommen bist?« – »Lieber Meister«, sprach Eulenspiegel, »Ihr hießt mich, wo die hohen Fenster seien, da sollt ich hineingehen; und Ihr wolltet bald nachkommen. So habe ich nach Eurem Geheiß getan, und Ihr seid mir doch nicht nachgekommen, da, wo Ihr sagtet, daß ich vorangehen sollte.« Der Meister schwieg still, denn er bedurfte seiner, und dachte: Wenn ich meine Lage bessern kann, so will ich mich wohl mit ihm abfinden und ihm das an seinem Lohn abrechnen.

Also ließ der Meister Eulenspiegel arbeiten einen Tag oder drei. Da hieß der Meister Eulenspiegel die Schermesser schleifen. Eulenspiegel sprach: »Ja, gern.« Der Meister sprach: »Schleif sie glatt auf dem Rücken gleich der Schneide!«* Eulenspiegel sagte »Ja« und begann, den Schermessern die Rücken gleich der Schneide zu schleifen. Der Meister kam und wollte zusehen, was er daraus machte. So sah er, daß bei den Messern, die Eulenspiegel geschliffen hatte, der Rücken genau wie die Schneide war, und die Messer, die er auf dem Schleifstein hatte, schliff er ebenso. Da sprach der Meister: »Was machst du da? Das wird ein bös Ding!« Eulenspiegel sagte: »Wie sollt das ein bös Ding werden? Es tut ihnen doch nicht weh! Denn ich tue, wie Ihr mich geheißen habt.« Der Meister ward zornig und sprach: »Ich hieß dich einen bösen, verdorbenen Schalk. Hör auf und laß dein Schleifen und geh wieder hin, wo du hergekommen bist!« Eulenspiegel sprach: »Ja« und ging in die Stube und sprang durch das Fenster wieder hinaus, wo er hereingekommen war. Da ward der Bartscherer noch zorniger und lief ihm nach mit dem Büttel und wollte ihn fassen, daß er die Fenster bezahlte, die er zerbrochen hatte. Aber Eulenspiegel war geschwind und entkam auf ein Schiff und fuhr von Land.

 **Wie Eulenspiegel von einer Frau zu Gaste geladen ward, der der Rotz aus der Nase hing.**

Es begab sich einmal, daß ein Hoftag gehalten werden sollte. Und auch Eulenspiegel wollte dahin reiten. Da hinkte sein Pferd, und er mußte zu Fuß gehen. Es war aber gar heiß, und ihn begann zu hungern. Nun lag am Weg ein Dörflein, jedoch war kein Wirtshaus darin. Es war um die Mittagszeit, und Eulenspiegel ging in das Dorf, in dem er wohlbekannt war. Er kam an ein Haus, in dem eine Frau saß und Käse machte, und sie hatte einen Klumpen Molken in den Händen. Wie nun die Frau über dem Molken saß, da hatte sie über ihre beiden Hände nicht Gewalt, und ein großer Schnudel hing ihr aus der Nase.

Da bot ihr Eulenspiegel einen guten Tag und sah den Schnudel wohl. Das merkte sie, durfte aber die Nase nicht an den Ärmeln abwischen und konnte sie auch nicht schneuzen. Da sprach sie zu ihm: »Lieber Eulenspiegel, geht hinein, und setzt Euch hin und wartet! Ich will Euch gute, frische Butter geben.« Da kehrte sich Eulenspiegel um und ging zur Tür hinaus. Die Frau rief ihm nach: »Wartet doch und eßt erst etwas!« Eulenspiegel sprach: »Liebe Frau, hernach, daß es fällt!« Und ging in ein anderes Haus und dachte: Die Butter magst du nicht; wer dazu ein wenig Teig hätte, brauchte keine Eier einzurühren, es würde von dem Rotz fett genug.

 **Wie Eulenspiegel ein Weißmus allein ausaß, weil er einen Klumpen darein gespuckt hatte.**

Große Schalkheit tat Eulenspiegel einer Bäuerin an, um das Weißmus allein essen zu können. Er kam in ein Haus und war hungrig. Dort fand er die Frau allein vor. Sie saß beim Feuer und kochte Weißmus. Das duftete Eulenspiegel so wohl unter die Nase, daß es ihn gelüstete, davon zu essen, und er bat die Frau, daß sie ihm das Weißmus gäbe. Die Frau sprach: »Ja, mein lieber Eulenspiegel, gerne; und sollt ich es selber entbehren, so wollt ich es Euch geben, daß Ihr's allein äßet.« Eulenspiegel sagte: »Meine liebe Frau, es möchte wohl nach Euern Worten geschehen.«

Die Frau gab ihm das ganze Weißmus und setzte die Schüssel mit dem Weißmus auf den Tisch und Brot dazu. Eulenspiegel war hungrig und begann zu essen, und die Frau kam dazu und wollte mit ihm essen, wie es der Bauer zu tun pflegt. Da dachte Eulenspiegel: Will sie auch kommen, so wird mir nicht lange was übrigbleiben. Und er hustete einen großen Klumpen und spuckte ihn in die Schüssel mit dem Weißmus. Da ward die Frau zornig und sagte: »Pfui über dich! Das Weißmus frißt du Schalk nun allein!« Eulenspiegel sprach: »Meine liebe Frau, Eure Worte lauteten zuerst so: Ihr wolltet das Weißmus selber entbehren, und ich sollte es allein essen. Nun kommt Ihr, mit mir zu essen, und hättet das Weißmus wohl mit drei Bissen aus der Schüssel geholt.« Die Frau sprach: »Daß dir nimmer Gutes geschehe! Gönnst mir meine eigene Kost nicht! Wie solltest du mir dann deine Kost geben?« Eulenspiegel sagte: »Frau, ich tu nur nach Euern Worten.« Und er aß das ganze Weißmus auf und wischte sich den Mund und ging fort.

 **Wie Eulenspiegel in ein Haus schiß und den Gestank durch die Wand in eine Gesellschaft blies, die ihn nicht leiden mochte.**

Beharrlich wanderte Eulenspiegel und kam gen Nürnberg und war da vierzehn Tage. Und bei der Herberge, in der er war, wohnte ein braver Mann. Der war reich und ging gern in die Kirche und konnte die Spielleute nicht leiden; wenn die waren oder hinkamen, wo er war, da ging er davon. Nun hatte derselbe Mann die Gewohnheit, daß er einmal im Jahre seine Nachbarn zu Gast hatte und ihnen dann gütlich tat mit Kost und mit Wein und mit den besten Getränken. Und wenn in dem Haus seiner Nachbarn fremde Gäste waren, Kaufleute, zwei oder drei, die lud er allezeit mit ein, und sie waren ihm willkommen. Und da nun die Zeit herankam, zu der er seine Gäste haben wollte, lud dieser Mann seine Nachbarn ein, wie es seine Gewohnheit war, und ihre Gäste, die sie hätten. Aber Eulenspiegel lud er nicht ein; den sah er für einen Gaukler und Spielmann an, die er nicht mit einzuladen pflegte.

Da nun die Nachbarn in das Haus dieses braven Mannes zu Gast gingen mit den fremden Leuten, die er auch eingeladen hatte und die in ihren Häusern wohnten, da ging auch der Wirt, bei dem Eulenspiegel zur Herberge war, mit seinen Gästen, die auch dazu gebeten waren, dorthin zu Tisch. Und der Wirt sagte zu Eulenspiegel, daß ihn der reiche Mann für einen Gaukler ansähe, darum hätte er ihn nicht mit zu Gast geladen. Eulenspiegel war's zufrieden und dachte: Bin ich ein Gaukler, so sollte ich ihm die Gaukelei beweisen. Und ihn ärgerte es, daß ihn der Mann so verschmähte. Es war bald nach St. Martinstag, als das Gastmahl stattfand und der Wirt mit seinen Gästen in einem köstlichen Gemach saß, wo er ihnen das Mahl gab. Und das Gemach war hart an der Wand, da Eulenspiegel zur Herberge war. Als sie nun saßen und recht guter Dinge waren, kam Eulenspiegel und bohrte ein Loch durch die Wand, die in das Gemach ging, in dem die Gäste saßen, nahm einen Blasebalg, machte seines Drecks einen großen Haufen und blies mit dem Blasebalg durch das Loch, das er gebohrt hatte, in das Gemach. Das stank so übel, daß niemand in dem Gemach bleiben mochte und einer den andern ansah: Der eine meinte, der andere stinke, der andere meinte, der dritte stinke so. Und Eulenspiegel hörte nicht auf mit dem Blasebalg, so daß die Gäste aufstehen mußten und vor Gestank nicht länger bleiben konnten. Sie suchten unter den Bänken, sie kehrten in allen Winkeln, nichts half. Niemand wußte, wo das herkäme, so daß sich jedermann in sein Haus verfügte.

Da kam Eulenspiegels Wirt zurück. Dem war von dem Gestank so übel geworden, daß er alles von sich gab, was er im Leibe hatte, und er erzählte, wie übel es in dem Gemach nach Menschendreck gestunken hätte. Eulenspiegel hub an zu lachen und sagte: »Wollte mich der reiche Mann nicht zu Gast laden und mir seine Kost gönnen, so bin ich ihm doch viel günstiger und getreuer als er mir; ich gönn ihm doch wohl meine Kost. Wäre ich dabeigewesen, so hätte es nicht so übel gestunken.« Und er rechnete von Stund an mit seinem Wirt ab und ritt hinweg, denn er befürchtete, daß es herauskäme.

So merkte der Wirt wohl an seinen Worten, daß er von dem Gestank etwas wüßte, und konnte es sich doch nicht denken, wie er das zugerichtet hätte; das verwunderte ihn sehr. Als nun Eulenspiegel zur Stadt hinaus war, da ging der Wirt in seinem Haus suchen und fand den Blasebalg, der arg beschissen war, und fand auch das Loch, daß Eulenspiegel in seines Nachbarn Haus durch die Wand gebohrt hatte.

Sogleich kam er dahinter und holte seinen Nachbarn dazu und erzählte ihm die Dinge, wie Eulenspiegel alles getan hätte und wie seine Worte gewesen wären. Der reiche Mann sprach: »Lieber Nachbar, von Toren und Spielleuten geschieht niemandem etwas Gutes. Darum will ich sie nicht in meinem Hause haben. Ist mir nun diese Büberei Eures Hauses halber geschehen, da kann ich nichts dazu. Ich sah Euren Gast für einen Schalk an, das las ich an seinem Zeichen*. So ist es doch besser in Eurem Haus als in meinem Haus geschehen, vielleicht hätte er mir noch Schlimmeres angetan.« Eulenspiegels Wirt sagte: »Lieber Wirt, Ihr habt es wohl gehört, und es ist auch so: Vor einen Schalk soll man zwei Lichter setzen*, und das muß ich wohl tun, denn ich muß allerlei Leute halten. Einen Schalk muß man halten mit den Besten, die je kommen.« Da gingen sie voneinander. Eulenspiegel war dagewesen und kam nicht wieder.

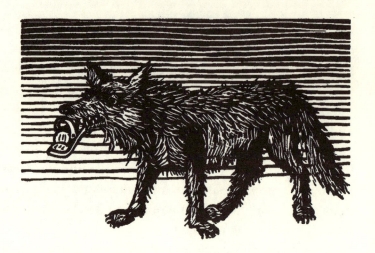

 **Wie Eulenspiegel zu Eisleben den Wirt erschreckte mit einem toten Wolf, den er zu fangen versprochen hatte.**

Zu Eisleben wohnte ein Wirt, der war spöttisch und hielt sich für kühn und glaubte, er sei ein großer Wirt. In seine Herberge ging Eulenspiegel, und es war zur Winterszeit, als viel Schnee lag. Da kamen drei Kaufleute aus Sachsen, die wollten gen Nürnberg und trafen spätabends bei finstrer Nacht in der Herberge ein. So war der Wirt ganz behende mit dem Mund, hieß die drei Kaufleute willkommen mit eilenden Worten und sprach: »Wo, zum Teufel, seid ihr so lange gewesen, daß ihr so spät in die Herberge kommt!« Die Kaufleute sprachen: »Herr Wirt, Ihr dürft mit uns nicht so zanken; uns ist unterwegs ein Abenteuer widerfahren, indem uns ein Wolf viel Ungemach zugefügt hat. Der hatte es auf uns abgesehen, so daß wir uns mit ihm schlagen mußten, und das hielt uns so lange auf.« Als der Wirt das hörte, ergoß er seinen Spott über sie und sprach: Das wär eine Schande, wenn sie sich von einem Wolf aufhalten ließen. Und wenn er allein auf dem Felde wäre und zwei Wölfe ihm im Moor begegneten, so wollt er sie schlagen und verjagen, davor sollt ihm nicht grauen. Ihrer wären aber drei gewesen und hätten sich von einem Wolf erschrecken lassen! Das währte den ganzen Abend, daß der Wirt so die Kaufleute verlachte, bis sie zu Bett gingen. Eulenspiegel saß dabei und hörte das Gespött.

Als sie nun zu Bett gingen, wurden die Kaufleute und Eulenspiegel in eine Kammer gelegt. Da sprachen die Kaufleute untereinander, was sie dem Wirt antun könnten, um es ihm heimzuzahlen und ihm den Mund zu stopfen, denn sonst würde es kein Ende haben, sooft einer von ihnen in die Herberge käme. Da sprach Eulenspiegel: »Liebe Freunde, ich merke wohl, daß der Wirt ein Prahlhans ist. Wollt ihr auf mich hören, so will ich es ihm heimzahlen, daß er euch nie wieder etwas von dem Wolfe sagen soll.« Den Kaufleuten gefiel das wohl, und sie versprachen, ihm Zehrung und Geld zu geben. Da sprach Eulenspiegel, sie sollten ihren Kaufmannsgeschäften nachreiten und auf der Rückreise wieder in die Herberge kommen; so wollte er auch da sein, und dann wollten sie es dem Wirt heimzahlen. Das geschah. Die Kaufleute waren reisefertig und bezahlten die Zehrung und für Eulenspiegel auch und ritten aus der Herberge. Der Wirt aber rief den Kaufleuten spöttisch nach: »Ihr Kaufleute, seht zu, daß euch kein Wolf auf der Wiese begegnet!« Die Kaufleute sprachen: »Herr Wirt, habt Dank, daß Ihr uns warnt! Wenn uns die Wölfe fressen, so kommen wir nicht wieder, und fressen Euch die Wölfe, so finden wir Euch nicht mehr hier.« Damit ritten sie hinweg. Da ritt Eulenspiegel auf die Hardt und stellte den Wölfen nach. Und Gott gab ihm das Glück, daß er einen fing. Den tötete er und ließ ihn hart gefrieren. Zu der Zeit nun, da die Kaufleute wieder gen Eisleben in die Herberge kommen wollten, tat Eulenspiegel den toten Wolf in den Untersack* und ritt wieder gen Eisleben und fand die drei Kaufleute, wie verabredet war. Eulenspiegel hatte nichts von dem Wolfe merken lassen. Des Abends über dem Nachtessen spottete der Wirt wieder über die Kaufleute wegen des Wolfs. Sie sagten, es wäre ihnen eben mit dem Wolf so ergangen; und begäbe es sich, daß ihm zwei Wölfe in den Wiesen begegneten, ob er sich dann eines Wolfs zuerst erwehrte und darauf den andern erschlüge? Der Wirt sprach große Worte, wie er zwei Wölfe in Stücke schlagen wollte. Das währte den ganzen Abend, bis sie zu Bette gehen wollten. Eulenspiegel schwieg still, so lange, bis er zu den Kaufleuten in die Kammer kam. Da sagte er zu ihnen: »Gute Freunde, seid still und wacht! Was ich will, das wollt ihr auch. Laßt mir ein Licht brennen!«

Als nun der Wirt mit allem seinem Gesinde zu Bett war, schlich Eulenspiegel leis von der Kammer und holte den toten Wolf, der hartgefroren war, und trug ihn an den Herd und unterstellte ihn mit Stecken, daß er aufrecht stand, und sperrte ihm das Maul weit auf und steckte ihm ein Paar Kinderschuhe ins Maul. Dann ging er wieder zu den Kaufleuten in der Kammer und rief laut: »Herr Wirt!« Das hörte der Wirt, denn er war noch nicht eingeschlafen, und rief wieder, was sie wollten: ob sie wieder ein Wolf beißen wolle. Da riefen sie: »Ach, lieber Wirt, sendet uns die Magd oder den Knecht, daß er uns zu trinken bringe! Wir wissen vor Durst nicht ein noch aus!« Der Wirt ward zornig und sprach: »Das ist der Sachsen Art, die saufen Tag und Nacht!« Und er rief die Magd, daß sie aufstünde und ihnen zu trinken brächte. Die Magd stand auf und ging zum Feuer und wollte ein Licht anzünden – da sah sie auf und sah dem Wolf gerade in das Maul. Sie erschrak und ließ das Licht fallen und lief in den Hof und meinte nicht anders, als daß der Wolf die Kinder schon aufgefressen hätte. Eulenspiegel und die Kaufleute aber riefen weiter, ob ihnen denn niemand zu trinken brächte. Der Wirt meinte, die Magd wäre eingeschlafen, und rief den Knecht. Der Knecht stand auf und wollte auch ein Licht anzünden, so sah er den Wolf auch dastehen und meinte, er hätte die Magd gar gefressen, und ließ das Licht fallen und lief in den Keller. Eulenspiegel und die Kaufleute hörten, was vorging, und Eulenspiegel sagte: »Seid guter Dinge, das Spiel will gut werden!«

Eulenspiegel und die Kaufleute riefen nun zum drittenmal, wo der Knecht und die Magd wären, daß sie ihnen kein Trinken brächten, und der Wirt sollte doch selber kommen und ein Licht bringen; sie könnten nicht aus der Kammer kommen, sonst wollten sie wohl selbst hinuntergehen. Der Wirt meinte nicht anders, als daß der Knecht auch eingeschlafen wäre, und stand auf und ward zornig und sprach: »Hat der Teufel die Sachsen gemacht mit ihrem Saufen?«

Und er zündete ein Licht am Feuer an und sah den Wolf am Herd stehen, mit den Schuhen im Maul. Da fing er an zu schreien und rief: »Mordigio! Rettet, liebe Freunde!« Und er lief zu den Kaufleuten, die in der Kammer waren, und sprach: »Liebe Freunde, kommt mir zu Hilfe, ein grausig, schrecklich Tier steht bei dem Feuer und hat mir die Kinder, die Magd und den Knecht aufgefressen!«

Die Kaufleute waren sofort bereit und Eulenspiegel auch und gingen mit dem Wirt zum Feuer. Der Knecht kam aus dem Keller, die Magd kam aus dem Hof, die Frau brachte die Kinder aus der Kammer, so daß man sah, daß sie noch alle lebten. Und Eulenspiegel ging hinzu und stieß den Wolf mit dem Fuß um: Der lag da und rührte kein Glied. Eulenspiegel sagte: »Das ist ein toter Wolf. Macht Ihr deswegen so ein Geschrei? Was seid Ihr für ein blöder* Mann! Beißt Euch ein toter Wolf in Eurem Haus und jagt Euch und all Euer Gesind in die Winkel? Und es ist noch nicht lange her, da wolltet Ihr zwei Wölfe, die lebendig wären, auf dem Felde erschlagen. Aber Ihr habt nur in Worten, was mancher im Sinn hat.«

Der Wirt hörte und merkte, daß er genarrt war, ging in die Kammer zu Bett und schämte sich seiner großen Worte und daß ein toter Wolf ihn und all sein Gesinde angeführt hatte. Die Kaufleute waren guter Dinge, lachten und bezahlten, was sie und Eulenspiegel verzehrt hatten, und ritten von dannen. Und von dieser Zeit an sprach der Wirt nicht mehr so viel von seiner Mannhaftigkeit.

 **Wie Eulenspiegel zu Köln dem Wirt auf den Tisch schiß und ihm sagte, der Wirt sollte kommen, daß er es fände.**

Bald darnach kam Eulenspiegel gen Köln in eine Herberge, und er drückte sich zwei oder drei Tage herum, in denen er sich nicht zu erkennen gab. Und an diesen Tagen merkte er, daß der Wirt ein Schalk war. Da dachte er: Wo der Wirt ein Schalk ist, da haben es die Gäste nicht gut, du solltest eine andere Herberge suchen. Des Abends merkte der Wirt es Eulenspiegel an, daß er eine andere Herberge im Auge hätte, und er wies den anderen Gästen das Bett und ihm nicht. Da sprach Eulenspiegel: »Wie, Herr Wirt, ich bezahle meine Kost so teuer als die, die Ihr zu Bett weist, und ich soll hier auf der Bank schlafen?« Der Wirt sprach: »Sieh, da hast du ein paar Bettlaken!« und ließ einen Furz, und auf der Stelle noch einen, und sprach: »Sieh, da hast du ein Kopfkissen!« Und zum dritten Mal ließ er einen fahren, daß es stank, und sagte: »Sieh, da hast du ein ganzes Bett: Behilf dich bis morgen und leg sie mir zuhauf, daß ich sie beieinander wiederfinde!« Eulenspiegel schwieg still und dachte: Sieh, das merkst du wohl, du mußt den Schalk mit einem Schalken bezahlen.

Er lag also die Nacht über auf der Bank. Da hatte nun der Wirt eine saubere Tischtafel mit Flügeln*, die tat Eulenspiegel auf und schiß darauf einen großen Haufen und tat sie wieder zu. Des Morgens tagte es ihm früh, und er ging vor des Wirts Kammer und sprach: »Herr Wirt, ich dank Euch für die Nachtherberge«, und damit ließ er einen großen Scheiß und sagte zu ihm: »Seht, das sind die Federn von dem Bett; das Kopfkissen, die Laken und Decken mit dem Bett hab ich zusammen auf einen Haufen gelegt.« Der Wirt sagte: »Herr Gast, das ist gut, ich will danach schauen, wenn ich aufstehe.« Eulenspiegel sagte: »Das tut, schaut Euch um, Ihr werdet's finden« und ging damit aus dem Hause. Der Wirt sollte des Mittags viele Gäste haben und sagte, auf der hübschen Tafel sollten die Gäste essen. Als er nun die Tafel aufmachte, zog ihm ein böser Gestank in die Nase, und er fand den Dreck darin und sprach: »Er gibt den Lohn nach den Werken, ein Furz hat er mit einem Scheißen bezahlt.« Da ließ er ihn zurückholen und wollte ihn noch besser kennenlernen. Eulenspiegel kam wieder, und er und der Wirt vertrugen sich in ihrer Schalkheit, so daß Eulenspiegel hinfort auf ein gutes Bett kam.

Wie Eulenspiegel den Wirt mit dem Klange des Geldes bezahlte.

Lange Zeit war Eulenspiegel zu Köln in der Herberge. Da begab es sich eines Tages, daß das Essen so spät zum Feuer gebracht wurde, daß es hoch Mittag wurde, eh' die Kost fertig war. Es verdroß Eulenspiegel sehr, daß er so lange fasten sollte. Da sah und merkte der Wirt ihm wohl an, daß ihn dies verdroß. Und der Wirt sprach zu ihm, wer nicht warten könnte, bis die Kost zubereitet wäre, der möchte essen, was er hätte. Eulenspiegel ging, aß eine trockene Semmel auf und setzte sich an den Herd und beträufelte den Braten so lange, bis er gar genug war.
Als es zwölf schlug, ward der Tisch gedeckt, das Essen aufgetragen, und der Wirt nahm mit seinen Gästen Platz. Aber Eulenspiegel blieb in der Küche am Herd sitzen. Der Wirt sprach: »Wie, Eulenspiegel, willst du dich nicht an den Tisch setzen?« – »Nein«, sprach er, »ich mag nichts essen, ich bin von dem Geruch des Bratens satt geworden.« Der Wirt schwieg und aß mit den Gästen, und nach dem Essen bezahlten sie ihre Zeche. Und der eine wanderte, der andere blieb, und Eulenspiegel saß bei dem Feuer.
Da kam der Wirt mit dem Zahlbrett und war zornig und sprach zu Eulenspiegel, daß er zwei kölnische Weißpfennige für das Mahl darauflegen sollte. Eulenspiegel sprach: »Herr Wirt, seid Ihr ein solcher Mann, daß Ihr Geld von einem nehmt, der Eure Speise nicht ißt?« Der Wirt sprach heftig, er sollte das Geld geben; hätte er nichts gegessen, so wäre er doch von dem Geruche satt geworden. Er hätte dagesessen bei dem Braten, das wäre soviel, als hätte er an der Tafel gesessen und davon gegessen. Das müßte er ihm als eine Mahlzeit rechnen. Eulenspiegel zog einen kölnischen Weißpfennig hervor und warf ihn auf die Bank:

»Herr Wirt, hört Ihr wohl diesen Klang?« Der Wirt sprach: »Diesen Klang höre ich wohl.« Eulenspiegel griff behende nach dem Pfennig, steckte ihn wieder in das Säckel und sagte: »Soviel, als Euch der Klang von dem Pfennig hilft, soviel hilft der Geruch von dem Braten meinem Bauch.« Der Wirt ward unwirsch, denn er wollte den Weißpfennig haben, und Eulenspiegel wollte ihm den nicht geben und es vors Gericht bringen. Der Wirt gab es auf, mit ihm zu rechten. Er befürchtete, daß Eulenspiegel es ihm so heimzahlen würde wie auf der Tischtafel. Er ließ ihn im guten fahren, und Eulenspiegel zog von dannen, während ihm der Wirt das Zehrgeld erließ. Eulenspiegel wanderte vom Rhein weg und zog wieder in das Land Sachsen.

 **Wie Eulenspiegel von Rostock schied und dem Wirt an das Feuer schiß.**

Eulenspiegel reiste einst von Rostock weg, als er eine Schalkhaftigkeit verübt hatte, und er kam in einem Flecken zur Herberge. Und in dem Haus gab es nicht viel zu essen, denn es herrschte eitel Armut. Und der Wirt dieses Hauses hatte viele Kinder, und da war Eulenspiegel gar ungern. Eulenspiegel band sein Pferd in den Stall und ging dann in das Haus und kam zu dem Feuer und fand einen kalten Herd und eine leere Wohnung. Da bemerkte er wohl, daß hier nichts als Armut war. Er sprach: »Herr Wirt, Ihr habt böse Nachbarn.« Der Wirt sagte: »Ja, Herr Gast, das habe ich, sie stehlen mir alles, was ich in dem Haus habe.« Da mußte Eulenspiegel lachen und dachte: Hier ist der Wirt als der Gast.

Und er hatte wohl Lust dazubleiben, nur die Kinder mochte er nicht leiden, denn er sah, daß sie ihre Notdurft hinter der Haustür verrichten gingen, ein Kind nach dem andern. Da sprach Eulenspiegel zu dem Wirt: »Wie unsauber sind doch Eure Kinder! Haben sie keine Stelle, wo sie ihre Notdurft verrichten können als hinter der Haustür?« Der Wirt sprach: »Herr Gast, was scheltet Ihr darüber? Mir mißfällt nichts daran, ich schaff's morgen weg.«

Eulenspiegel schwieg. Darnach, da er Not hatte, schiß er einen großen Haufen Drecks an das Feuer. Da kam der Wirt gerade, als Eulenspiegel über seinem Werk war, und sprach: »Daß dich das Fieber packe! Scheißt du an das Feuer? Ist der Hof nicht weit genug?« Eulenspiegel sprach: »Herr Wirt, was scheltet Ihr doch darüber? Das macht mir auch nichts aus. Ich schaff es täglich weg.« Und er setzte sich auf sein Pferd und ritt zum Tor hinaus. Der Wirt rief ihm nach: »Halt und feg den Dreck von dem Herd hinweg!« Eulenspiegel sprach: »Wer der letzte ist, der kehre das Haus; so ist mein Dreck und Euer Dreck in einem ausgekehrt.«

 **Wie Eulenspiegel einen Hund schund und das Fell der Wirtin als Bezahlung gab, weil er mit ihm aß.**

Nun begab es sich, daß Eulenspiegel in ein Dorf in der Nähe von Staßfurt kam. Er ging in ein Haus, in dem er die Wirtin allein vorfand. Die Wirtin hatte ein zottiges Hündlein, das hatte sie sehr lieb, und es mußte ihr allezeit auf dem Schoß liegen, wenn sie müßig war. Da saß nun Eulenspiegel am Feuer und trank aus der Kanne. Nun hatte die Frau den Hund daran gewöhnt, daß sie ihm, wenn jemand Bier trank, gleichfalls Bier in eine Schüssel geben mußte, daß er auch trinken konnte. Als nun Eulenspiegel saß und trank, stand der Hund auf und liebelte sich Eulenspiegel an und sprang ihm auf den Schoß. Das sah die Wirtin und sprach: »Ach, gebt ihm zu trinken in die Schüssel! Das ist sein Wunsch.« Eulenspiegel sprach: »Gern.«

Die Wirtin ging erledigen, was sie zu schaffen hatte. Und Eulenspiegel trank und gab dem Hund sogleich zu trinken in die Schüssel und gab ihm von allem, was auf dem Tisch stand, Fleisch, Butter, Käse, so daß der Hund gar voll ward und sich ans Feuer legte und ausstreckte, so lang er war.

Dann sagte Eulenspiegel zu der Wirtin: »Wir wollen abrechnen« und sprach weiter: »Liebe Wirtin, wenn ein Gast Eure Kost ißt und von Eurem Bier trinkt und kein Geld hat, wollt Ihr dem auch borgen?« Die Wirtin kam nicht darauf, daß er den Hund meinte, sondern dachte, er wäre selbst der Gast, und sprach zu ihm: »Herr Gast, man borgt hier nicht, man muß Geld geben oder ein Pfand.« Eulenspiegel sprach: »Das bin ich für meinen Teil zufrieden; ein anderer sorge für das Seine!« Da ging die Wirtin hinweg. Und sobald es Eulenspiegel zuwege bringen konnte, nahm er den Hund unter den Rock und ging mit ihm in den Stall. Er zog ihm das Fell ab und ging wieder ins Haus ans Feuer und hatte des Hundes Fell unter dem Rock. Da hieß Eulenspiegel die Wirtin kommen und sagte: »Laßt uns abrechnen!«

Die Wirtin rechnete, und Eulenspiegel legte die halbe Zeche hin. Da sprach die Wirtin, wer die andere Hälfte bezahlen sollte, er hätte doch das Bier allein getrunken. Eulenspiegel sprach: »Nein, ich hab es nicht allein getrunken. Ich hatte einen Gast, der trank auch mit. Der hat kein Geld, aber ein gutes Pfand. Der soll die andere Hälfte bezahlen.« Die Wirtin fragte: »Was ist das für ein Gast? Was habt Ihr für ein Pfand?« Eulenspiegel sprach: »Das ist sein allerbester Rock, den er anhatte« und zog das Hundefell unter dem Rock hervor und sprach: »Seht, Wirtin, das ist der Rock des Gastes, der mit mir trank!«

Die Wirtin erschrak und sah wohl, daß es ihres Hundes Fell war, und ward zornig und sprach: »Daß dir nimmer Glück geschehe! Warum hast du mir meinem Hund abgezogen?« Und sie fluchte. Eulenspiegel sprach: »Wirtin, das ist Eure eigene Schuld, ich laß Euch fluchen. Ihr sagtet mir selber, ich sollte dem Hund einschenken. Und ich sagte, der Gast habe kein Geld. Ihr wolltet ihm nicht borgen, Ihr wolltet Geld oder Pfand haben. Da er kein Geld hatte und das Bier bezahlt werden mußte, so mußte er den Rock als Pfand lassen. Den nehmt nun für das Bier, daß er getrunken hat!« Die Wirtin ward noch zorniger und hieß ihn aus dem Haus gehen, und er sollt nimmer wiederkommen. Eulenspiegel sprach: »Ich will aus Euerm Haus nicht gehen, sondern reiten.« Und er sattelte sein Pferd, ritt zur Tür hinaus und sprach: »Wirtin, verwahrt das Pfand so lange, bis ich zu dem Geld für Euch komme, und ich will noch einmal ungeladen wiederkommen. Trinke ich dann nicht mit Euch, brauche ich kein Bier zu bezahlen.«

 **Wie Eulenspiegel derselben Wirtin einredete, daß er auf dem Rad läge*.**

Eulenspiegel zog andere Kleider an und ging wieder in seine vorige Herberge. Im Hause sah er ein Rad stehen. Da legte er sich oben darauf und bot der Wirtin einen guten Tag und fragte sie, ob sie nichts von Eulenspiegel gehört hätte. Sie fragte, was sie von dem Schalk hören sollte. Sie möchte ihn nicht nennen hören. Eulenspiegel sprach: »Frau, was hat er Euch getan, daß Ihr ihm so gram seid? Doch wo er hinkam, da schied er nicht ohne Schalkheit.« Die Frau sprach: »Das bin ich wohl

gewahr geworden. Er kam auch hierher und schund mir meinen Hund und gab mir das Fell für das Bier, das er getrunken hatte.« Eulenspiegel sprach: »Frau, das ist nicht wohl getan.« Die Wirtin sprach: »Es wird ihm auch noch übel ergehen.« Er sprach: »Frau, das ist schon geschehen: er liegt auf dem Rad.« Die Wirtin sprach: »Dafür sei Gott gelobt!« Eulenspiegel sagte: »Ich bin's. Ade! Ich fahr dahin.«

 **Wie Eulenspiegel eine Wirtin mit bloßem Arsch in die Asche setzte.**

Böse und zornige Nachrede bringt bösen Lohn. Als Eulenspiegel von Rom zurückreiste, kam er in ein Dorf, in dem eine große Herberge war. Der Wirt war nicht zu Hause, da sprach Eulenspiegel zu der Wirtin, ob sie auch Eulenspiegel kenne. Die Wirtin sprach: »Nein, ich kenne ihn nicht. Aber ich habe wohl von ihm gehört, daß er ein auserlesener Schalk sei.« Eulenspiegel sprach: »Liebe Wirtin, warum saget Ihr, daß er ein Schalk sei, da Ihr ihn nicht kennt?« Die Frau sprach: »Was ist daran gelegen, daß ich ihn nicht kenne? Daran ist nichts gelegen; die Leute sagten, er sei ein böser Bube.« Eulenspiegel erwiderte: »Liebe Frau, hat er Euch je Leids getan? Ist er ein Schalk, so wißt Ihr das nur vom Hörensagen, und darum wißt Ihr nichts Eigentliches von ihm zu sagen.« Die Frau sprach: »Ich sag's, wie ich's von den Leuten gehört habe, die bei mir aus und ein gehen.«

Eulenspiegel schwieg. Und des Morgens stand er ganz früh auf, schaff-

te die heiße Asche auseinander und ging zu dem Bette der Wirtin und nahm sie aus dem Schlaf und setzte sie mit dem bloßen Arsch in die heiße Asche und verbrannte ihr den Arsch arg und sprach: »Seht, Wirtin, nun mögt Ihr wohl von Eulenspiegel sagen, daß er ein Schalk ist. Ihr empfindet es nun und habt ihn auch gesehen. Hieran mögt Ihr ihn erkennen.« Das Weib schrie jämmerlich, und Eulenspiegel ging aus dem Haus, lachte und sprach: »So soll man die Romfahrt zu Ende bringen.«

 **Wie Eulenspiegel einer Wirtin ins Bett schiß und ihr einredete, daß es ein Pfaff getan hätte.**

Böse Schalkheit verübte Eulenspiegel zu Frankfurt an der Oder. Dahin wanderte er mit einem Pfaffen, und sie zogen beide in die gleiche Herberge. Am Abend tat ihnen der Wirt recht gütlich und gab ihnen Fisch und Wildbret. Als sie nun zu Tisch gingen, setzte die Wirtin den Pfaffen obenan, und was Gutes in der Schüssel war, legte die Wirtin dem Pfaffen vor und sagte: »Herr, das eßt Ihr mir zuliebe.« Eulenspiegel saß unten am Tisch und sah den Wirt und die Wirtin unentwegt an, aber niemand legte ihm etwas vor und hieß ihn essen, wo er doch gleichviel bezahlen mußte. Als die Mahlzeit beendet und Schlafenszeit war, wurden Eulenspiegel und der Pfaff in eine Kammer gelegt, und jeglichem ward ein schönes, sauberes Bett bereitet, darauf zu schlafen. Und

des Morgens zu guter Zeit stand der Pfaff auf und betete seine Zeit und bezahlte darnach den Wirt und zog weiter.

Eulenspiegel blieb liegen, bis es neun schlug, dann schiß er in das Bett, darauf der Pfaff gelegen hatte, einen großen Haufen. Da fragte die Wirtin den Hausknecht, ob der Pfaff oder die anderen Gäste aufgestanden wären und ob sie auch abgerechnet und bezahlt hätten. Der Knecht sprach: »Ja, der Pfaff stand vor einer beträchtlichen Weile auf, betete seine Zeit, bezahlte und wanderte weiter. Aber den anderen Gesellen hab ich heute noch nicht gesehen.« Die Frau befürchtete, er wäre krank, und ging in die Kammer und fragte Eulenspiegel, ob er nicht aufstehen wolle. Er sagte: »Ja, Wirtin, mir war nicht recht wohl.« Indessen wollte die Frau die Laken von des Pfaffen Bett nehmen. Als sie es nun aufdeckte, lag ein großer Dreck mitten im Bett. »Ei, behüte mich Gott!« sprach sie, »was liegt hier?« – »Ja, liebe Wirtin, das wundert mich nicht«, sprach Eulenspiegel, »denn was gestern abend Gutes auf den Tisch kam, stets das Allerbeste ward dem Pfaffen vorgelegt, und den ganzen Abend wurde nichts anderes gesagt als: ›Herr, eßt das auf!‹ Mich wundert nur, daß es dabei geblieben ist, soviel wie der Pfaff aß, daß er die Kammer nicht auch vollgeschissen hat.« Die Wirtin fluchte auf den unschuldigen Pfaffen und sagte, wenn er wiederkäme, dann müßte er weitergehen. Aber Eulenspiegel, den braven Knecht, den wolle sie gern beherbergen.

 **Wie ein Holländer Eulenspiegel einen gebratenen Apfel aus der Kachel aß, darein er Fliegen* getan hatte.**

Recht und redlich bezahlte Eulenspiegel einen Holländer. Denn es begab sich einmal zu Antwerpen in einer Herberge, in der holländische Kaufleute waren, daß Eulenspiegel ein wenig krank war, so daß er kein Fleisch essen konnte und sich weiche Eier kochen ließ. Als nun die Gäste zu Tisch saßen, kam Eulenspiegel auch an den Tisch und brachte die weichen Eier mit. Der Holländer sah Eulenspiegel für einen Bauern an und sprach: »Wie, Bauer, magst du des Wirtes Kost nicht? Muß man dir Eier kochen?« Und damit nahm er die beiden Eier und schlug sie auf und schüttete eins nach dem andern in den Hals und legte die Schalen vor Eulenspiegel hin und sagte: »Sieh hin, leck das aus, der Dotter ist heraus!« Die andern Gäste lachten darüber und Eulenspiegel mit ihnen. Gegen Abend kaufte Eulenspiegel einen hübschen Apfel. Den höhlte er inwendig aus, füllte ihn mit Fliegen oder Mücken und briet den Apfel sorgfältig, schälte ihn und bestreute ihn auswendig mit Ingwer. Als sie nun des Abends wieder zu Tisch saßen, brachte Eulenspiegel auf einem Teller den gebratenen Apfel und kehrte sich von dem Tisch ab, als ob er noch mehr holen wollte. Als er nun den Rücken wandte, griff der Holländer zu und nahm ihm den gebratenen Apfel vom Teller und schlang ihn rasch hinunter. Sofort mußte der Holländer brechen und erbrach alles, was er im Leibe hatte, und ihm ward ganz schlecht, so daß der Wirt und die andern Gäste meinten, Eulenspiegel hätte ihn mit dem Apfel vergiftet. Eulenspiegel sagte: »Das ist keine Vergiftung, es ist nur eine Reinigung seines Magens. Denn einem gierigen Magen bekommt keine Kost gut. Hätte er mir das gesagt, daß er den Apfel so gierig hinunter schlucken wollte, ich hätte ihn davor gewarnt. Denn in die weichen Eier kamen keine Mücken, aber in dem gebratenen Apfel lagen sie. Die mußte er wieder von sich geben.« Indessen kam der Holländer wieder zu sich, so daß er weiter keinen Schaden davon hatte, und er sprach zu Eulenspiegel: »Iß und brate, ich esse nicht mehr mit dir, und hättest du auch Krammetsvögel!«

Wie Eulenspiegel es fertigbrachte, daß eine Frau alle ihre Häfen entzweischlug auf dem Markt zu Bremen.

Als nun Eulenspiegel diese Schalkheit ausgerichtet hatte, reiste er wieder gen Bremen zu dem Bischof. Der trieb mit Eulenspiegel viel Kurzweil und hatte ihn auch lieb, und allezeit bot ihm Eulenspiegel ein lustiges Abenteuer, so daß der Bischof lachte und ihm sein Pferd kostfrei hielt. Da stellte sich Eulenspiegel, als ob er der Büberei müde wäre und in die Kirche gehen wollte. Darüber spottete der Bischof sehr. Eulenspiegel kehrte sich nicht heran und ging beten, bis ihn der Bischof zuletzt auf das äußerste reizte. Nun hatte sich Eulenspiegel heimlich mit einer Frau verabredet, die eine Hafnersfrau war und auf dem Markt saß und Häfen feilhielt. Die Häfen bezahlte er der Frau allesamt und vereinbarte mit ihr, was sie tun sollte, wenn er ihr winkte oder ein Zeichen gäbe.
Da kam Eulenspiegel wieder zu dem Bischof und tat so, als wäre er in der Kirche gewesen. Der Bischof überfiel ihn wieder mit seinem Spott. Schließlich sprach Eulenspiegel zu dem Bischof: »Gnädiger Herr, kommt mit mir auf den Markt! Da sitzt eine Hafnerin mit irdenem Geschirr. Ich will mit Euch wetten, daß ich sie nicht anspreche noch ihr durch Mienen einen Wink gebe und sie doch mit stillen Worten dahin bringe, daß sie aufsteht und einen Stecken nimmt und die irdenen Häfen alle selber entzweischlägt.« Der Bischof sprach: »Es gelüstete mich wohl, das zu sehen.« Aber er wollte mit ihm wetten um dreißig Gulden, daß die Frau es nicht täte. Die Wette wurde abgeschlossen, und der Bischof ging mit Eulenspiegel auf den Markt. Eulenspiegel zeigte ihm die Frau, und sie gingen auf das Rathaus. Eulenspiegel blieb bei dem Bischof auf dem Rathaus, und er machte entsprechende Gebärden mit Worten und Zeichen, als wenn er die Frau dazu bringen wollte, daß sie das Angedeutete tue. Aber zuletzt gab er der Frau das Zeichen, das sie verabredet hatten. Da stand sie auf und nahm einen Stecken und schlug die irdenen Häfen allesamt entzwei, daß alle Leute darüber lachten, die auf dem Markt waren.
Als nun der Bischof wieder in seinen Hof kam, nahm er Eulenspiegel beiseite und sprach zu ihm, er möchte ihm doch sagen, wie er das

geschafft hätte, daß die Frau ihre eigenen Häfen entzweischlüge. So wollt er ihm die dreißig Gulden geben, die er ja verwettet hätte. Eulenspiegel sprach: »Ja, gnädiger Herr, gern« und sagte ihm, wie er zunächst die irdenen Häfen bezahlt und es mit der Frau vereinbart hätte; mit der schwarzen Kunst hätte er das nicht getan. Und er erzählte ihm alles. Da lachte der Bischof und gab ihm die dreißig Gulden. Doch mußte er ihm geloben, daß er es niemand weitersagen wolle. Dafür wollt er ihm einen feisten Ochsen als Draufgabe überlassen. Eulenspiegel sprach: »Ja«, er wollt es gern verschweigen. Er war schon reisefertig, brach auf und zog von dannen und überließ den Bischof seinem Schicksal.

Als nun Eulenspiegel fort war, da saß der Bischof mit seinen Rittern und Knechten bei Tisch und sprach zu ihnen, daß er die Kunst verstünde, wie er die Frau dazu bringen wollte, daß sie alle ihre irdenen Häfen entzweischlüge. Die Ritter und die Knechte begehrten nicht zu sehen, daß sie die Häfen entzweischlüge, sondern wollten nur die Kunst wissen. Der Bischof sprach: »Will mir ein jeder von euch einen guten, feisten Ochsen in meine Küche geben, so will ich euch alle die Kunst lehren.« Das geschah aber im Herbst, wo die Ochsen am feistesten sind, und ein jeder dachte: Du solltest selbst ein Paar Ochsen wagen, sie kommen dich doch nicht hart an, auf daß du die Kunst lernen mögest. Da boten die Ritter und Knechte dem Bischof ein jeder einen feisten Ochsen und brachten sie zusammen, so daß der Bischof sechzehn Ochsen bekam. Und ein jeder Ochs war sechs Gulden wert, so daß die dreizehn Gulden, die er Eulenspiegel gegeben hatte, dreifach bezahlt waren.

Und als die Ochsen beieinander standen, kam Eulenspiegel zurückgeritten und sprach: »Von dieser Beute gehört mir die Hälfte.« Der Bischof sagte zu Eulenspiegel: »Halt du mir, was du mir gelobt hast, so will ich dir auch halten, was ich dir gelobt habe; laß deine Herren auch bei ihrem Brot bleiben!« Und er gab ihm einen feisten Ochsen. Den nahm Eulenspiegel und dankte dem Bischof. Darnach nahm der Bischof seine Diener vor, hub an und sprach, sie sollten ihm zuhören, er wolle ihnen die Kunst sagen. Und er erzählte ihnen alles, wie Eulenspiegel sich zuvor mit der Frau verabredet und ihr die Häfen bezahlt hätte. Als nun das der Bischof gesagt hatte, saßen all seine Diener da, als ob sie arglistig betrogen worden wären, und keiner von ihnen wagte es, vor dem andern zu reden. Der eine kratzte sich am Kopf, der andere kratzte sich am Nacken. Der Kauf gereute sie alle, es war ihnen leid um ihre Ochsen. Schließlich mußten sie sich zufrieden geben, und sie trösteten sich damit, daß es ihr gnädiger Herr wäre, dem sie die Ochsen geben müßten. So ließen sie es gut sein und taten, als wäre es aus Spaß geschehen. Aber sie ärgerten sich über nichts mehr als darüber, daß sie so große Toren gewesen und ihre Ochsen für diese Kunst gegeben hätten, und zwar für eine so zweifelhafte Kunst, und daß Eulenspiegel sich einen Ochsen erworben hätte.

88 Wie Eulenspiegel in Einbeck ein Brauerknecht ward und einen Hund, der Hopf hieß, für Hopfen sott.

Eifrig machte sich Eulenspiegel wieder an seine Arbeit. Zu einer Zeit, als man zu Einbeck seinen Streich mit den Pflaumen, die er beschissen hatte, vergessen hatte, kam Eulenspiegel wieder gen Einbeck und verdingte sich bei einem Bierbrauer. Es begab sich, daß der Brauer zu einer Hochzeit gehen wollte, und er befahl Eulenspiegel, indessen mit der Magd Bier zu brauen, so gut er nur könnte. Morgen wollte er ihm zu Hilfe kommen. Vor allen Dingen solle er sich befleißigen, den Hopfen wohl zu sieden, damit das Bier davon einen scharfen Geschmack bekäme, so daß er es verkaufen könnte. Eulenspiegel sagte: »Ja, gern«, er wollte sein Bestes tun. Damit ging der Brauer mit seiner Frau zur Tür hinaus, und Eulenspiegel begann wacker zu sieden. Die Magd unterwies ihn, denn sie hatte mehr Verstand davon als er. Als es nun dazu kam, daß man den Hopfen sieden sollte, sprach die Magd: »Ach, Lieber, den Hopf sieden, das tust du wohl allein. Vergönn mir, daß ich für eine Stunde weggehen und beim Tanzen zuschauen kann!« Eulenspiegel sprach: »Ja« und dachte: Geht die Magd auch hinweg, so hast du Gelegenheit zu einer Schalkheit. Was willst du nun dem Brauer für eine Schalkheit antun? Nun hatte der Bauer einen großen Hund, der hieß Hopf. Den nahm er,

als das Wasser heiß war, und warf ihn hinein und ließ ihn tüchtig darin sieden, daß ihm Haut und Haar abgingen und das ganze Fleisch von den Gebeinen fiel. Als es nun der Magd deuchte, daß es Zeit wäre heimzugehen und der Hopfen genug gekocht sei, da kam sie und wollte Eulenspiegel helfen und sagte: »Sieh, mein lieber Bruder, der Hopf hat sein Genüge, schlag ab!« Als sie nun den Seihkorb vorschlugen und eine Schaufel nach der andern auszuschöpfen begannen, da fragte die Magd: »Hast du auch den Hopf hineingetan? Ich bemerke noch nichts davon in meiner Schaufel.« Eulenspiegel sagte: »Ja, auf dem Grund wirst du ihn finden.« Die Magd fischte danach und bekam das Gerippe auf die Schaufel und hub laut an zu schreien: »Ei, behüt mich Gott! Was hast du darein getan? Der Henker trinke das Bier!« Eulenspiegel sprach: »Wie mich der Brauer geheißen hat, das hab ich darein getan, und das ist nichts anderes als Hopf, der Hund.«

Indem kam der Bauer gut angetrunken nach Hause und sagte: »Was macht ihr, meine lieben Kinder? Seid ihr guter Dinge?« Die Magd sprach: »Ich weiß nicht, was den Teufel wir machen. Ich ging eine halbe Stunde, den Tanz zu besehen, und hieß unseren neuen Knecht, derweil den Hopf garzusieden, so hat er unsern Hund gargesotten. Hier könnt Ihr wohl sein Rückgrat sehen.« Eulenspiegel sprach: »Ja, Herr, Ihr habt mich das so geheißen. Ist es nicht eine große Plage? Ich tue alles, was man mich heißt, und kann doch keinen Dank verdienen. Es mögen Brauer sein, welche es wollen, sie sind schon zufrieden, wenn ihr Gesinde nur die Hälfte von dem tut, was man es heißt.« Also nahm Eulenspiegel Urlaub und schied davon und verdiente nirgends großen Dank.

 **Wie Eulenspiegel ein Roßtäuscher ward.**

Einst hatte Eulenspiegel ein stätiges* Roß feil. Da kam einer und wollte es ihm abkaufen, besah es, und es gefiel ihm wohl. Er fragte ihn: »Guter Gesell, hat es keine bösen Tücken an sich? Verhehle mir solche nicht, ich werde es dir redlich bezahlen!« Eulenspiegel sprach: »Ich weiß kein Gebrechen an ihm, als daß es nicht über die Bäume geht.« Der Kaufmann sagte: »Ich will mit ihm nicht über Bäume reiten, willst du mir's um einen billigen Pfennig geben, so nehme ich es.« Eulenspiegel sprach: »Ich gebe dir's nicht um einen Pfennig, aber um 15 Gulden will ich's dir geben.« Und so wurden sie handelseinig.

Da der Käufer nun zur Stadt hinausreiten wollte, konnte er das Pferd nicht vor das Tor über die Brücke bringen, denn diese war aus Baumstämmen gelegt: Über Bäume ging es nicht. Der Käufer hatte aber gemeint, es ginge nicht über Bäume, die aufrecht stünden. Deswegen brachte er die Sache vor Gericht, und es wurde erkannt, daß Eulenspiegel das Geld zurückgeben sollte. Er tat es aber nicht, weil er im voraus gesagt hatte, daß sein Pferd nicht über die Bäume gehe. Eulenspiegel entwischte und kam nicht wieder.

 **Wie Eulenspiegel einem Roßtäuscher ein Pferd abkaufte und nur halb bezahlte.**

Eulenspiegel kam gen Hildesheim zu einem Roßtäuscher, der bot ihm ein Pferd um 25 Gulden. Eulenspiegel handelte mit ihm, er wollte ihm 24 Gulden geben, sagte aber: »Ich will dir 12 Gulden bar bezahlen, die anderen 12 will ich dir schuldig bleiben.« Der Roßtäuscher sprach: »Nimm's hin!« und schlug ein. Eulenspiegel zahlte ihm 12 Gulden und ritt mit dem Pferd hinweg.

Es standen wohl drei Monate an, da kam der Roßtäuscher zu ihm und forderte die 12 Gulden. Eulenspiegel sagte: »Ich soll sie dir doch schuldig bleiben.« Sie kamen miteinander vor Gericht. Eulenspiegel verantwortete sich und ging nicht ab von der Bedingung, unter der er gekauft hatte, und sprach: »Ich habe das Roß gekauft um 24 Gulden und habe ihm 12 Gulden bar darauf gegeben; die anderen 12 soll ich ihm schuldig bleiben. Wenn ich sie ihm nun gäbe, so bleibe ich nicht bei meinen Worten, und ich habe doch meine Worte allewege wahrgemacht und getan, was man mich geheißen hat. Ich hoffe, es bleibt dabei.«

Also ward das Urteil vertagt, und Eulenspiegel soll das Geld noch heute geben.

 **Wie Eulenspiegel ein Hirt ward im Herzogtum Braunschweig.**

Eulenspiegel kam zu dem Herzog von Braunschweig und bedachte, wie er reich würde. Denn er sah, daß des Fürsten Amtsleute alle reich würden. So bat er den Fürsten, daß er ihn für etliche Jahre zu einem Hirten seines Viehs machte, er brauchte ihm keinen Lohn zu geben. Der Fürst verlieh ihm das Amt auf zehn Jahre.

Da Eulenspiegel nun ein gewaltiger Hirte war, schrieb er einer Stadt im Lande, er hätte sagen hören, was für gute Weiden sie hätten, und er wolle kommen und seines Fürsten Vieh darauf weiden. Sie erschraken gewaltig und befürchteten, wie es auch geschehen wäre, er würde ihre Weide ganz abfressen lassen, so daß ihr Vieh Mangel leiden müßte. Und sie schickten zwanzig Gulden, er solle sie damit verschonen. Eulenspiegel dachte: Das will gut werden. Und er schrieb an eine andere Stadt, die ihm gelegen war. Die schickten ihm auch Geld, und so ging es weiter, bis er einen Rock aus Fuchspelz trug und reich ward.

Der Fürst fragte ihn, wie das zuginge. Eulenspiegel sprach: »Gnädiger Herr, das Wort hat schon seinen Sinn: Es ist kein Ämtchen so klein, es bringt doch etwas ein. Ein anderes Wort besagt: Es ist kein Ämtchen so klein, es ist dennoch des Henkens wert.«

 **Wie Eulenspiegel ein Paar Schuhe kaufte ohne Geld.**

Eulenspiegel ging einmal in Erfurt durch die Schuhmachergasse. Da rief ihm eine Schusterfrau nach, er solle ihr ein Paar gute Schuhe abkaufen. Er probierte einen an, der war ihm recht, der andere auch. Da lief er davon.
Die Frau sprang ihm nach und schrie: »Haltet den Dieb!« Die Nachbarn wollten ihn halten, da sagte er: »Hei, laßt mich gehen, wir laufen um die Wette um ein Paar Schuh!« So kam er davon mit einem Paar Schuhe, die er ohne Geld kaufte. Er gab sie dem Knecht in seiner Herberge.

 **Wie Eulenspiegel sich zu einem Bauern verdingte.**

Einmal hatte sich Eulenspiegel zu einem Bauern verdingt, und der Bauer wollte mit seinem Knecht Eulenspiegel in den Wald fahren, einen Karren Holz zu holen. Der Knecht saß auf dem Pferd und der Bauer hinter dem Pferd auf den Wagenbäumen. Da kam ein Hase über den Weg gelaufen, und der Bauer sprach: »Knecht, kehr wieder um, es ist gar unglückselig, wenn einem ein Has' über den Weg läuft; wir wollen heute etwas anderes tun.« Und er fuhr heim. Des anderen Tags fuhren sie wieder hinaus, und als sie schier am Walde waren, sprach Eulenspiegel: »Bauer, es ist uns da vorn ein Wolf über den Weg gelaufen!« Der Bauer sprach: »Fahr zu, es ist eitel Glück, wenn einem ein Wolf über den Weg läuft!« Sie fuhren hin, spannten die Pferde auf der Weide aus

und ließen den Karren stehen, gingen in den Wald und schlugen Holz. Als sie fertig waren, schickte der Bauer Eulenspiegel nach dem Pferd und Karren, damit sie auflüden und heimführen. Wie nun der gute Knecht vor den Wald kam, sah er, daß das Pferd am Boden lag und der Wolf mit dem Kopf in ihm steckte und fraß. Eulenspiegel war heimlich froh, lief hin und sprach: »Kommt, Bauer, das Glück steckt im Pferd!« Der Bauer fragte: »Was sagst du?« Eulenspiegel sagte: »Geht rasch, oder Ihr versäumt das Glück!« Als sie hinkamen, fanden sie den Wolf im Pferd stecken und fressen. Da sagte Eulenspiegel: »Bauer, wären wir gestern dem Hasen nachgefahren, der hätte Euch das Pferd nicht gefressen. Ihr seid aber ein abergläubischer Mann, darum begehre ich nicht länger bei Euch zu bleiben.«

 **Wie Eulenspiegel gen Paris auf die hohe Schule zog.**

Einst zog Eulenspiegel gen Paris. Dort war gerade eine Disputation etlicher, die Doktoren werden wollten. Als man sie examinierte ad licentiaturam*, da ging Eulenspiegel auch mit hinein und trat vor den Doktor hin, der oben auf dem Stuhle saß, und sah ihn an. Der Doktor sprach: »Lieber Gesell, was schaust du so? Willst du etwas fragen?«
Eulenspiegel bedachte sich kurz und sprach: »Ja, Herr, ich habe eine Frage zu tun, die lautet so: Welches ist besser, daß ein Mensch tut, was er weiß, oder daß einer lernt, was er nicht weiß. Machen die Doktoren die Bücher, oder machen die Bücher die Doktoren?« Die Doktoren sahen einander an, und es entstanden mancherlei Meinungen unter ihnen. Einer meinte, das andere wäre das beste, aber die meisten waren der

Ansicht, daß ein Mensch täte, was er müßte, das wäre besser, als daß er lernen sollte, was er nicht wüßte.

Da sagte Eulenspiegel: »So seid ihr alle große Narren, die ihr stets lernen wollt, was ihr nicht wißt, und was ihr wißt, das tut keiner von euch.« Und er schloß: »Disputiert über die Bücher, wie ich eben sagte!« und kehrte sich um und ging hinweg.

 **Wie Eulenspiegel zu Berlin ein Büttel oder Stadtknecht ward.**

Als Eulenspiegel ein Büttel oder Stadtknecht war, wurde er einstmals in ein Dorf geschickt, um Geld zu fordern von einem Bauern, der nicht gern Geld ausgab und zudem auch arm war. Arglos lief er dahin mit seinem Spießlein. Da gesellte sich der Teufel zu ihm in Bauerngestalt. Aber Eulenspiegel merkte wohl, daß es der Teufel war. Sie fingen miteinander zu reden an, und der Teufel sprach: »Du willst Geld fordern oder eintreiben; laß uns Gemeinschaft miteinander machen. Denn ich gehe auf einen verborgenen Schatz aus, und wenn ich den finde, so will ich ihn auch mit dir teilen.« Eulenspiegel dachte: Du hast schon immer gehört, daß der Teufel viele Schätze zu finden weiß. Und sie wurden sich über die Sache einig.

Als sie nun durch ein Dorf kamen, da hörten sie ein Kind schreien und weinen. Zu dem trat die Mutter und sprach zu ihm im Zorn: »Ei, so schrei und weine, daß dich der Teufel hole!« Da sprach Eulenspiegel: »Hörst du nicht, man will dir ein Kind geben? Warum nimmst du es nicht?« Der

Teufel sprach: »Lieber, der Mutter ist es nicht ernst damit, sie hat es nur im Zorn gesagt.« Nun gingen sie über Feld und kamen zu einer großen Herde Säue. Da war eine große feiste Sau nebenaus gelaufen, und der Hirt lief hinter ihr her, trieb sie zurück und rief: »Daß dich der Teufel aller Säue hole!« Eulenspiegel hätte gern daran teil gehabt und sprach: »Hörst du nicht? Da gibt man dir jetzt eine Sau. Warum nimmst du sie nicht? Ich will dir von jetzt ab die Gemeinschaft aufsagen.« Der Teufel sagte: »Lieber, was sollt ich mit einer Sau anfangen? Es ist ihm auch nicht ernst damit, Und wenn ich sie nähme, so müßte sie der arme Hirte bezahlen. Ich warte auf etwas Besseres.« Eulenspiegel dachte an den Schatz. So gingen sie bis an den Hof, wo Eulenspiegel das Geld eintreiben sollte. Da stand der Bauer in der Scheuer und drosch Korn. Sobald er Eulenspiegel mit seinem Spießlein sah, sprach er: »Bist du schon wieder da? Ich wollte, daß dich der Teufel hole!« Da sagte der Teufel zu Eulenspiegel: »Hörst du auch, was der Bauer sagt? Und dem ist es jetzt ernst damit. Du mußt mir mir!« Eulenspiegel antwortete: »Erst mußt du mit mir vor Gericht, denn ich habe gesagt, daß ich dir die Gemeinschaft aufsagen wollte. Das tue ich jetzt; darum tute mir jetzt nichts wider das Recht! Ich bin ein Stadtknecht und fordere dich vor meinen Schultheissen.« Der Teufel kam jedoch nicht. Hierauf legte Eulenspiegel sein Amt nieder.

 **Wie Eulenspiegel sich zu einem Dorfpfarrer verdingte und eine Metze für seine Ehefrau ausgab.**

Eulenspiegel wollte sich in allem versuchen und kam einst in ein Dorf zu einem Pfarrer, der eines Mesners bedurfte. Eulenspiegel war dessen froh und verdingte sich zu ihm. Als er nun eine Zeitlang bei dem Pfarrer diente, merkte er wohl, daß dieser liederlich hinter den Frauen her war. So sprach er eines Tages: »Herr, ich möchte gerne wissen, wieviel Ihr doch Frauen in diesem Dorf versucht habt. Sagt mir's insgeheim, es soll bei mir bleiben!« Der Pfarrer sagte: »Ich will's tun. Ich vertraue dir, du bist mein getreuer Knecht. Nächsten Montag ist ein Feiertag, da findet ein großes Opfer statt. Und wenn ich vor dem Altar stehe und des Opfers warte, so stehe du daneben und gib das Heiligtum zu küssen! Und wenn ich nun sage: ›Brems‹, so gib acht, bei derselben bin ich gewesen.«
Da gingen nun die Schultheißin und die Heimburgin um den Altar, da sagte der Pfarrer: »Brems.« Eulenspiegel dünkte das seltsam, und er schwieg. Indessen ging die Metze, die Eulenspiegel für seine Ehefrau ausgab, auch um den Altar. Der Pfarrer sagte auch: »Brems.« Eulenspiegel sprach: »Das ist meine Frau.« Der Pfarrer sprach: »Es sei deine Frau oder nicht, sie ist ›brems‹, ich will dir nicht unrecht tun.«
Von Stund an nahm Eulenspiegel Urlaub, zog hinweg und ließ Pfaff und Pfäffin hinter sich.

 **Wie Eulenspiegel zu Mariental die Mönche in der Mette zählte.**

Zu der Zeit, als Eulenspiegel alle Lande durchlaufen hatte und verdrossen geworden war, kam ihn eine Galgenreue* an. Und er gedachte, sich in ein Kloster zu begeben, zu williger Armut, seine Zeit zu vollbringen und Gott zu dienen sein Leben lang für seine Sünden: Wenn Gott über ihn geböte, daß er nicht verloren wäre.

Da kam er in dieser Absicht zu dem Abt von Mariental* und bat ihn, daß er ihn als einen Bruder aufnehmen möge, er wolle dem Kloster all das Seine hinterlassen. Der Abt verstand sich auch mit Narren, und er sagte: »Du bist noch arbeitsfähig, ich will dich gern aufnehmen, wie du gebeten hast. Aber du mußt etwas tun und ein Amt haben, denn du siehst, daß meine Brüder und ich zu tun haben, und jedem ist etwas aufgetragen.« Eulenspiegel sagte: »Ja, Herr, gern.« – »Wohlan, in Gottes Namen«, sprach der Abt, »du arbeitest nicht gern, du sollst unser Pförtner sein; so bleibst du in deinem Gemach und hast dich um nichts weiter zu kümmern, als Kost und Bier aus dem Keller zu holen und die Pforte auf- und zuzuschließen.« Eulenspiegel sagte: »Würdiger Herr, das vergelt Euch Gott, daß Ihr mich alten, kranken Mann so wohl bedenkt! Ich will auch alles tun, was Ihr mich heißet, und alles lassen, war Ihr mir verbietet.« Der Abt sprach: »Sieh, hier ist der Schlüssel! Du sollst nicht jedermann einlassen, den dritten oder vierten laß ein! Denn läßt man zu viele ein, so fressen sie das Kloster arm.« Eulenspiegel sprach: »Würdiger Herr, ich will es Ihnen recht machen.«

Und von allen, die da kamen, sie mochten ins Kloster gehören oder nicht, ließ er stets nur den vierten ein und nicht mehr. Darüber kam Klage vor den Abt. Der sagte zu Eulenspiegel: »Du bist ein auserlesener Schalk. Willst du die nicht hereinlassen, die hereingehören?« – »Herr«, sagte Eulenspiegel, »den vierten, wie Ihr mich geheißen habt, habe ich hereingelassen und nicht mehr und hab Euer Gebot beachtet.« – »Du hast gehandelt wie ein Schalk«, sprach der Abt und wäre ihn gern wieder losgeworden. Und er setzte einen anderen Beschließer ein, denn er merkte wohl, daß Eulenspiegel von seiner alten Tücke nicht lassen wollte.

Da gab er ihm ein anderes Amt und sagte: »Sieh, du sollst die Mönche des Nachts in der Mette zählen, und wenn du einen übersiehst, so kannst du weiterwandern.« Eulenspiegel sagte: »Herr, das ist für mich schwer zu tun, doch wenn es nicht anders sein kann, muß ich es machen, so gut es gehen mag.« Und des Nachts brach er etliche Stufen aus der Treppe. Nun war der Prior ein guter, frommer alter Mönch und allezeit der erste in der Mette. Der kam still zu der Treppe, und als er meinte, auf die Treppe zu treten, da trat er durch und brach sich ein Bein entzwei. So schrie er jämmerlich, daß die anderen Brüder herbeiliefen und sehen wollten, was mit ihm wäre. Und einer nach dem andern fiel die Treppe hinab. Da sprach Eulenspiegel zu dem Abt: »Würdiger Herr, hab ich nun mein Amt versehen? Ich hab die Mönche alle gezählt.« Und er gab ihm das Kerbholz, in das er sie alle geschnitten hatte, als einer nach dem andern herunterfiel. Der Abt sprach: »Du hast gezählt wie ein nichtswürdiger Schalk! Geh mir aus meinem Kloster und lauf zum Teufel, wohin du willst!«

Also kam er gen Mölln, da ward er so krank, daß er kurz darnach starb.

 **Wie Eulenspiegel zu Mölln krank ward und dem Apotheker in die Büchsen schiß, und wie er in den »Heiligen Geist« gebracht ward und seiner Mutter etwas Süßes zusprach.**

Elend und sehr krank ward Eulenspiegel, als er von Mariental gen Mölln kam. Da zog er zu dem Apotheker in die Herberge, um der Arzenei willen. Nun war der Apotheker auch etwas übermütig und schalkhaft und gab Eulenspiegel eine scharfe Purganz. Als es nun auf den Morgen zuging, wurde die Purganz wirksam, und Eulenspiegel stand auf und wollte der Purganz ledig werden. Es war jedoch das Haus allenthalben verschlossen, und ihm ward angst in seiner Not. Da kam er in die Apotheke, und er schiß in eine Büchse und sprach: »Hier kam die Arzenei heraus, da muß sie wieder hinein, so verliert der Apotheker nichts; ich kann ihm doch sonst kein Geld geben.«

Als das der Apotheker inne wurde, da fluchte er Eulenspiegel und wollte ihn nicht mehr im Hause haben, und er ließ ihn in ein Spital (es hieß »Zum Heiligen Geist«) bringen. Da sagte er zu den Leuten, die ihn hinführten: »Ich habe sehr danach getrachtet und Gott allezeit gebeten, daß der Heilige Geist sollte in mich kommen. So schickte er mir nun das Gegenteil, daß ich jetzt in den Heiligen Geist komme. Er bleibt außer mir, und ich komme in ihn.« Die Leute lachten seiner und gingen von ihm weg mit den Worten: »Und wie eines Menschen Leben ist, so ist auch sein Ende.«

Es ward seiner Mutter kundgetan, daß er krank wäre. Die machte sich sogleich bereit und kam zu ihm und glaubte, von ihm Geld zu erhalten, denn sie war eine alte, arme Frau. Als sie nun zu ihm trat, mußte sie weinen und sprach: »Mein lieber Sohn, wo bist du krank?« Eulenspiegel antwortete: »Liebe Mutter, hier zwischen der Bettstatt und der Wand.« – »Ach, lieber Sohn, sag mir noch etwas Süßes!« Eulenspiegel sprach: »Liebe Mutter, Honig, das ist etwas Süßes.«* Die Mutter sprach: »Ach, lieber Sohn, gib mir noch eine süße Lehre, bei der ich deiner gedenken kann!« Eulenspiegel sagte: »Ja, liebe Mutter, wenn du deine Notdurft verrichten willst, dann hebe den Arsch von dem Wind weg, so geht dir der Gestank nicht in die Nase!« Die Mutter sprach: »Lieber Sohn, gib mir doch etwas von deinem Gute!« Eulenspiegel sagte: »Liebe Mutter, wer nichts hat, dem soll man geben, und wer etwas hat, dem soll man etwas nehmen. Mein Gut ist so verborgen, daß niemand es weiß. Findest du etwas, was mein ist, das magst du dir nehmen, geb' ich dir doch von meinem Gute alles, was krumm ist und was gerad ist.«*

Indessen ward Eulenspiegel sehr krank, so daß die Leute ihm zuredeten, er sollte beichten und das Abendmahl nehmen. Darein willigte Eulenspiegel, denn er spürte wohl, daß er nicht mehr von diesem Lager aufkäme.

 **Wie Eulenspiegel seine Sünden bereuen sollte und ihn dreierlei Schalkheit reute, die er nicht getan hatte.**

Reue und Leid sollte Eulenspiegel wegen seiner Sünden in seiner Krankheit haben, daß ihm das Abendmahl gegeben werden könne und er desto süßer sterben möchte – sagte ihm eine alte Begine*. Ihr antwortete Eulenspiegel: »Das geschieht nicht, daß ich süß sterbe, denn der Tod ist bitter. Warum sollte ich auch heimlich beichten? Was ich in meinem Leben getan habe, das ist viel Ländern und Leuten bekannt. Wem ich etwas Gutes getan habe, der wird es mir wohl nachsagen. Hab ich einem etwas Böses getan, der wird das meiner Reue wegen nicht verschweigen. Mich reut dreierlei, und es ist mir leid, daß ich es nicht getan habe, nicht tun konnte.« Die Begine sprach: »Lieber Gott, da seid froh darüber, ist es etwas Böses, daß Ihr es gelassen habt, und laßt Euch Euere Sünden leid tun!« Eulenspiegel sagte: »Frau, mir ist es leid, daß ich dreierlei doch nicht getan habe und nie dazu kommen konnte, es zu tun.« Die Begine fragte: »Was sind das für Dinge, sind sie gut oder bös?«
Eulenspiegel sprach: »Es sind drei Dinge. Das erste ist dies: Wenn ich in meinen jungen Tagen sah, daß ein Mann auf der Straße ging, dem der Rock lang unter dem Mantel hervorhing, ging ich dem nach und meinte, der Rock wolle ihm entfallen, so daß ich ihn aufheben möchte. Wenn ich dann zu ihm kam und sah, daß der Rock zu lang war, da ward ich zornig und hätte ihm gern den Rock so weit abgeschnitten, als er unter dem Mantel hervorhing; und daß ich das nicht konnte, das ist mir leid. Das andere ist dies: Wenn ich jemand sitzen oder gehen sah, der mit einem Messer in seinen Zähnen grübelte: daß ich ihm nicht das Messer in den Hals zu schlagen vermochte, das ist mir auch leid. Das dritte ist, daß ich nicht allen alten Weibern, die über ihre Jahre sind,

das Loch zuflicken konnte, das ist mir auch leid; denn sie sind niemanden mehr nütz auf der Erde, als daß sie das Erdreich bescheißen, daß daraus die Frucht aufsteht.«
Die Begine sprach: »Ei, behüt uns Gott, was sagt Ihr da! Ich höre wohl, wenn Ihr stark genug wärt und es vermöchtet, Ihr nähtet mir mein Loch auch zu, denn ich bin eine Frau wohl von sechzig Jahren.« Eulenspiegel sprach: »Das ist mir leid, daß es nicht geschehen ist.« Da schrie die Begine: »So pflege Euch der Teufel!« und ging von ihm fort und ließ ihn liegen. Eulenspiegel sprach: »Es ist keine Begine so andächtig, daß sie nicht, wenn sie zornig wird, ärger ist als der Teufel.«

 **Wie Eulenspiegel sein Testament machte, daran der Pfaff seine Hände besudelte.**

Merkt auf, geistliche und weltliche Personen, daß ihr eure Hände nicht verunreinigt an Testamenten, wie es bei Eulenspiegels Testament geschah!
Ein Pfaff ward zu Eulenspiegel gebracht, da er beichten sollte. Der Pfaff dachte, als er zu Eulenspiegel kam, bei sich: Er ist ein abenteuerlicher Mensch gewesen, damit hat er viel Geld zusammengebracht; es kann nicht fehlen, er muß eine beträchtliche Summe Geldes haben: das solltest du ihm abknöpfen, wo es mit ihm zu Ende geht, vielleicht fällt für dich auch etwas davon ab. Als nun Eulenspiegel dem Pfaffen zu beichten begann und sie ins Gespräch kamen, sprach unter anderem der Pfaff zu ihm: »Eulenspiegel, mein lieber Sohn, bedenkt Eurer Seele Seligkeit bei Euerem Ende! Ihr seid ein abenteuerlicher Gesell gewesen und habt viele Sünden begangen. Das laßt Euch leid sein! Und habt Ihr etwas an Geld, ich würde das wohl hingeben zu Ehren Gottes und armen Priestern, wie ich einer bin. Das will ich Euch raten, denn es ist gar wunderlich gewonnen. Und wenn Ihr dann solches tun wollt, so offenbart mir das und gebt mir das Geld; ich will es bestellen, daß Ihr in die Ehre Gottes kommen sollt. Und wollt Ihr mir auch etwas geben, so wollte ich Euer all mein Lebtag gedenken und für Euch nach Euerem Tode Vigilien* und Seelenmessen lesen.« Eulenspiegel sagte: »Ja, mein Lieber, ich will Euer gedenken. Kommt nachmittags wieder, ich will Euch selber ein Stück Gold in die Hand geben, so seid Ihr dessen sicher.«
Der Pfaff war froh und kam nachmittags wieder gelaufen. Und dieweil er weg war, hatte Eulenspiegel eine Kanne halb voll mit Menschdreck gemacht und ein wenig Geld darauf gestreut, so daß das Geld den Dreck bedeckte. Als nun der Pfaff wiederkam, sprach der: »Mein lieber Eulenspiegel, ich bin hier, wollt Ihr mir nun etwas geben, wie Ihr mir gelobt

habt, so will ich das in Empfang nehmen.« Eulenspiegel sagte: »Ja, lieber Herr, wenn Ihr nur züchtig greifen und nicht gierig sein wolltet, so wollte ich Euch einen Griff in diese Kanne tun lassen, daß Ihr meiner gedenken solltet.« Der Pfaff sprach: »Ich will's nach Eurem Willen tun und hineingreifen, so knapp ich kann.«
Also tat Eulenspiegel die Kanne auf und sagte: »Seht, lieber Herr, die Kanne ist ganz voll Geld. Da tastet hinein und langt eine Handvoll heraus und greift doch nicht zu tief!«
Der Pfaff sagte: »Ja«, und ihm ward so ernst, und die Gier verführte ihn, und er griff mit der Hand in die Kanne und beabsichtigte, eine gute Handvoll zu greifen. Und als er mit der Hand in die Kanne fuhr, da merkte er, daß es naß und weich unter dem Gelde war. Schnell zog er die Hand wieder heraus, da waren ihm die Knöchel mit Dreck besudelt. Da sprach der Pfaff zu Eulenspiegel: »Oh, was für ein hinterhältiger Schalk bist du! Betrügst mich in deiner letzten Stunde, da du auf dem Totenbett liegst! So dürfen diejenigen nicht klagen, die du betrogen hast in deinen jungen Tagen.« Eulenspiegel sagte: »Lieber Herr, ich warnte Euch, Ihr solltet nicht zu tief greifen. Verführte Euch nun Euere Gier, entgegen meiner Warnung zu handeln, so ist das meine Schuld nicht.« Der Pfaff sprach: »Du bist ein Schalk, auserlesen unter allen Schälken! Du konntest dich in Lübeck von dem Galgen reden, und so antwortest du mir jetzt auch wieder.« Und er ging und ließ Eulenspiegel liegen. Eulenspiegel rief ihm nach, daß er warten und das Geld mit sich nehmen möge. Aber der Pfaff wollte nicht hören.

 **Wie Eulenspiegel sein Gut in drei Teilen vergab: einen Teil seinen Freunden, einen Teil dem Rat zu Mölln, einem Teil dem Pfarrer daselbst, und starb.**

Als nun Eulenspiegel immer kränker wurde, setzte er sein Testament auf und vergab sein gut in drei Teilen: Einen Teil seinen Freunden, einen Teil dem Rate zu Mölln und einen Teil dem Kirchherrn daselbst, doch mit dem Bescheid: Wenn Gott der Herr über ihn geböte und er mit dem Tode abginge, sollte man seinen Leichnam in geweihter Erde begraben und seine Seele bedenken mit Vigilien und Seelenmessen nach christlicher Ordnung und Gewohnheit.

Und nach vier Wochen sollten sie einhellig die schöne Kiste, die er ihnen zeigte, mit kostbaren Schlüsseln wohl verwahrt, aufschließen und das, was darin wäre, miteinander teilen und sich gütlich darüber vertragen. Das nahmen die drei Parteien gütlich an, und Eulenspiegel starb.

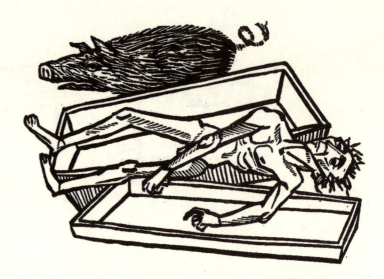

 **Wie die Schweine Eulenspiegels Bahre umwarfen während der Vigilie, so daß er herunterpurzelte.**

Nachdem Eulenspiegel seinen Geist aufgegeben hatte, kamen die Leute in das Spital und beweinten ihn und taten ihn im Sarg auf eine Bahre in die Diele. Die Pfaffen kamen und wollten ihm Vigilien singen und huben damit an. Da kam die Sau des Spitals mit ihren Ferkeln herein und lief unter die Bahre und begann, sich daran zu jucken, so daß Eulenspiegel von der Bahre purzelte. Die Frauen und die Pfaffen wollten die Sau mit den Ferkeln zur Tür hinausjagen, aber die Sau ward wütend und wollte sich nicht vertreiben lassen. Und die Sau und die jungen Ferkel rannten zerstreut in dem Spital umher, sie sprangen und liefen über die Pfaffen hinweg, über die Beginen, über Kranke und Gesunde und über den Sarg, in dem Eulenspiegel lag. Davon erhob sich ein Gerufe und Geschrei der alten Beginen, so daß die Pfaffen die Vigilien sein ließen und zur Tür hinausliefen; und die anderen jagten schließlich die Sau mit den Ferkeln fort.

Da kamen die Beginen und legten den Totenbaum* wieder auf die Bahre. Eulenspiegel kam aber unrichtig zu liegen, so daß er den Bauch zur Erde und den Rücken nach oben kehrte. Als nun die Pfaffen fortgegangen waren, hatten sie gesagt, wenn ihn die Beginen begraben wollten, so wollten sie das gern geschehen lassen, aber sie kämen nicht wieder. Also nahmen die Beginen Eulenspiegel und trugen ihn auf den Kirchhof – verkehrt, da er auf dem Bauche lag, weil der Baum gewendet worden war. So setzten sie ihn nieder.

Da kamen die Pfaffen doch wieder und sagten, was für einen Rat man geben wollte, wie er begraben sein sollte, er dürfe nicht wie die anderen Christenmenschen im Grabe liegen. Indessen wurden sie gewahr, daß der Baum umgedreht war und daß Eulenspiegel auf dem Bauche lag. Da mußten sie lachen und sprachen: »Er zeigt selber, daß er verkehrt liegen will. Wollen wir es also halten.«

 **Wie Eulenspiegel begraben ward.**

Bei Eulenspiegels Begräbnis ging es wunderlich zu. Denn als sie alle auf dem Kirchhof um den Totenbaum standen, darin Eulenspiegel lag, legten sie ihn auf die beiden Seile und wollten ihn in das Grab senken. Da riß das Seil entzwei, das zu Füßen war, und der Baum schoß in das Grab, so daß Eulenspiegel in dem Sarg auf die Füße zu stehen kam. Da sprachen alle, die dabeistanden: »Laßt ihn stehen! Denn er ist wunderlich gewesen in seinem Leben, wunderlich will er auch sein in seinem Tod.« Also warfen sie das Grab zu und ließen ihn so stehen, aufrecht auf den Füßen.

 **104 Wie Eulenspiegel ein Grabstein gesetzt wurde.**

Als nun alle Dinge nach dem Wortlaut des Testaments vollbracht und die vier Wochen abgelaufen waren, da kamen der Rat, der Kirchherr und Eulenspiegels Freunde zusammen und öffneten die Kiste, um seinen hinterlassenen Schatz zu teilen. Als sie nun geöffnet war, fand man darin nichts anderes als Steine. Einer sah den andern an, und sie wurden zornig. Der Pfarrer meinte, da der Rat die Kiste in Verwahrung gehabt hätte, so hätte er den Schatz heimlich herausgenommen und die Kiste wieder zugeschlagen. Der Rat meinte, die Freunde hätten den Schatz während seiner Krankheit herausgenommen und die Kiste mit Steinen gefüllt. Die Freunde meinten, der Pfaff hätte den Schatz heimlich weggetragen, als Eulenspiegel beichtete und jedermann hinausgegangen war. Also schieden sie in Unfrieden voneinander.

Da wollten der Kirchherr und der Rat Eulenspiegel wieder ausgraben und ihn unter dem Galgen einscharren lassen. Als sie nun begannen, ihn auszugraben, war er schon so faul, daß niemand bei ihm bleiben mochte. Da machten sie das Grab wieder zu. So blieb er in seinem Grabe aufrecht stehen.

Und ihm ward zum Gedächtnis ein Stein auf sein Grab gesetzt. Man hieb auf dessen eine Hälfte eine Eule und einen Spiegel, den die Eule in den Klauen hält, und schrieb oben auf den Stein:

> Disen stein sol niemand erhaben
> Hie stat Ulenspiegel begraben
> Anno domini
> MCCCL iar*

Erläuterungen

Historie

1 *Kneitlingen* liegt etwa 20 km südöstlich von Braunschweig, in den südöstlichen Ausläufern des waldigen Höhenzugs Elm (im Original und in alten Urkunden »Melme« genannt) und damit im Gebiete des ehemaligen norddeutschen Herzogtums Sachsen.
Pfaffenmeier: Papenmeier war von 1501 bis 1510 Abt von St. Ägidien in Braunschweig

3 *Bube:* Nichtsnutz.
Lecker: Schalk, Possenreißer (die Bedeutungen der beiden Ausdrücke gehen ineinander über).

6 *St. Nikolaus* ist der 13., *St. Martin* der 12. November. Zu St. Martin pflegte man Gänse zu essen, St. Nikolaus war ein strenger Fasttag. Eulenspiegel meint: Für den Armen sind die Fasttage leicht einzuhalten, im übrigen ißt er, wenn er gerade mal etwas hat.

8 Man meinte, der Hund frißt das *Gras* als Abführmittel.

9 *Luder:* Lockspeise.

13 *Alba:* ein Teil der priesterlichen Kleidung.

14 *Sigrist:* Küster

15 *Laube:* der Erker des Rathauses, von dem aus besonders Wichtiges verkündet wurde.

17 *Bankerte:* im Text von 1515 »bankressen«, das sind die unehelichen Kinder des Adels, die vom Ritterstand ausgeschlossen waren, doch auf den Burgen lebten und Dienste leisten mußten.
Koldingen: ein Wortspiel mit Koldingen – kalt.

19 *Halberstadt:* »Du führst deinen Namen mit Recht« erklärt sich daraus, daß »Halb« eine gute und eine schlimme Seite bedeutet.

22 *des Gespöttes wegen:* D. h. dem Gespött zum Trotz. Ein altes Sprichwort »jemanden auf einem fahlen (falben) Pferde finden« bedeutet soviel wie jemanden bei einem Betrug oder sonst etwas Schlimmem ertappen.
da wäre kein Geld zu verdienen: Eulenspiegel kehrt lieber bei geizigen Wirten ein, wo er Gelegenheit hat, durch seine Streiche erzieherisch zu wirken.

25 Die in den Geschichten genannten Personennamen sind vielfach historisch überhaupt nicht belegt oder stammen aus der Zeit der Aufzeichnungen des Volksbuches. König Kasimir III. aber lebte 1333–1370, also tatsächlich zur Zeit Eulenspiegels.

28 *Artist:* hier im Sinne von Goldmacher.
Tüchlein: Leinwandstücke mit Gemälden.
Gnaden: Die ganze Stammtafel ist erdichtet.
Närrin: eine als Hofnärrin gehaltene Geistesschwache.

29 *Jan Hus* (1369–1415), Priester und Professor der Prager Universi-

tät, war der bedeutende Führer der nationalen und reformatorischen Bestrebungen in Böhmen und stand unter dem Einfluß des englischen Reformators John Wiclif. Die Bemerkung von den »guten Christen« kann im Zusammenhang der Geschichte nur ironisch gemeint sein.
Kollegiaten: Studenten.
quaestiones: Fragen.
konkordieren: übereinkommen.
ordinieren: festlegen.
Ohm: Eimer

30 *Schock:* Groschen.
32 *Stationierer:* Reliquienhändler.
Bann: Kirchenstrafe.
33 *Scharwächter:* Stadtpolizisten.
35 *nequam:* nichtsnutzig.
Osterling: ein »Ostfale« im Gegensatz zum »Westfalen«.-
latro: Dieb. Es ist dies eine »komische« Verdrehung von lateranum.
36 *Groppen:* kleine Fische.
Lexuluander: vermutlich eine Anspielung auf derbe Redensarten, die mit »Leck ...« beginnen.
Zindel: halbseidener Stoff.
37 *Stallbrüder:* Kumpane.
40 *»Folg mit den Bälgen!«:* Bediene die Bälge so, wie es die Arbeit jeweils erfordert!
Bühne: Boden, Dachgeschoß.
41 *»Hic fuit«:* »Hier ist er gewesen«.
42 *Notstall:* Ein behelfsmäßiger Stall zum Unterstellen für die Tiere, die beschlagen werden sollen.
45 *spicken:* mit Speck einfetten.
46 Der Anfang der Geschichte bezieht sich gewiß auf die Geschichte 43, und es ist wohl die Absicht Eulenspiegels, dem Nichtstuer, der glaubt, mühelos zu Geld zu kommen, eins auszuwischen.
51 *Collation:* ein Imbiß, bei dem man sich unterhält.
Bogen: ein Werkzeug zum Schlagen der Wolle.
Gatter: Spulengestell an Webstühlen.
57 *der Herren Keller:* der Ratsherren Keller; Bezeichnung für den Ratskeller.
59 *»... die große Tasche, die ich meinte, das ist diese Tasche nicht.«* Hier spielt Eulenspiegel mit dem doppelten Sinn des Wortes »groß«, das zur Bezeichnung sowohl einer beträchtlichen Ausdehnung als auch einer besonderen Bedeutung, eines besonderen Wertes verwendet wird.

62 *Hessen:* Von Erfurt, dem Ort der letzten Geschichte, höchstens auf einem Umweg. Denn Erfurt lag nicht in Hessen, sondern war eine zu Kurmainz gehörende Enklave inmitten der thüringischen Lande, allerdings nicht weit vom hessischen Sprachgebiet.
Als *Böhmerwald* bezeichnete man damals alle Gebirge, die Böhmen umsäumen, also auch Erzgebirge, Elbsandsteingebirge und Lausitzer Gebirge.

63 »... *bekomm ich auch nur ihr Wappen ...«:* »werde ich auch nur unter das Gefolge in Dienst genommen.«
durch die Finger sehen: etwas durchgehen lassen, was geahndet werden muß; Unrecht tatenlos geschehen lassen.

64 *Hamenstede:* Er ist in Goslar von 1474 bis 1509 urkundlich bezeugt.

67 Die Angaben über den Gehorsam eines Mönches im Kloster sind erfunden; der Pfaffe betrügt damit das Bauernehepaar.

68 *Schottenpfaffe:* eine Art der Benediktiner, die ursprünglich aus Island gekommen waren.

73 *Kaufleute:* hier die reisenden, also ortsfremden Kaufleute.

74 *»Schleif sie glatt auf dem Rücken gleich der Schneide!«* Der Meister wollte damit sagen, wie die Messer beim Schleifen gehalten werden sollen: Rücken und Schneide nahezu parallel (»gleich«) zum Schleifstein.

77 *Zeichen:* siehe die 41. Geschichte.
Vor einen Schalk soll man zwei Lichter setzen heißt soviel wie: einen Schalk soll man in ein besonders helles Licht setzen, um ihn durchschauen zu können.

78 *Untersack:* so etwas wie eine Satteltasche.
blöde: bedeutete damals soviel wie schwächlich, zaghaft.

79 *Flügel:* Tafeln, die aufgeklappt werden konnten.

83 *aufs Rad geflochten werden:* damals eine Form der Hinrichtung.

86 Statt Fliegen steht im Urtext wie auch in den Straßburger Drukken in der Überschrift »saffonie«, entstellt aus Scammonia, ein Kraut, das als Purgiermittel verwendet wurde. Der Bearbeiter des erweiterten Lübecker Drucks ersetzte aber im Text »saffonie« durch »muggert«, gleichfalls ein purgierendes Mittel (artemissia vulgaris = Beifuß, auch Mückenkraut, weil es zur Vertilgung der Fliegen dient), was der hochdeutsche Übersetzer als »Mücken« auffaßte. Diese Lesart behielt unsere Ausgabe bei.

89 *stätig:* nicht von der Stelle zu bringen, störrisch.

94 *ad licentiaturam:* zur Erlangung der Befugnis, Vorlesungen an Hochschulen zu halten.

97 *Galgenreue:* verspätete Reue.
Mariental: ein Zisterzienserkloster bei Helmstedt; wahrscheinlich

liegt aber eine Verwechslung durch den Bearbeiter vor, und es ist das 2 km von Mölln entfernte Kloster Marienwohlde gemeint.

98 *Etwas Süßes:* In den Straßburger Ausgaben heißt es: »Ach, lieber Sohn, sprich mir noch zu ein süßes Wort.« Eulenspiegel sprach: »Liebe Mutter, Honig, das ist ein süßes Kraut.« – Es wurde damit versucht, das Wortspiel wiederzugeben, das auf dem Doppelsinn des niederdeutschen »wort« beruht: Es kann »Wort« und »Gewürz« bedeuten. Die Mutter meint »Wort«, Eulenspiegel tut, als verstünde er »Gewürz«.

»was krumm und was gerade ist«: er meint wohl, was auf krummem und geradem Wege erworben wurde.

99 Die *Beginen* sind Angehörige einer halbklösterlichen Frauenvereinigung, die in geschlossenen Siedlungen leben (hauptsächlich in Belgien und den Niederlanden). Sie beschäftigten sich u. a. mit der Pflege in Spitälern.

100 *Vigilien:* eigentlich Nachtwachen, nächtliche Gottesdienste; hier: Totengebete.

102 *Totenbaum:* der Sarg bestand aus einem ausgehöhlten Baumstamm, in dem die Leiche festgebunden war.

104 »Diesen Stein soll niemand erhaben,
Hier steht Eulenspiegel begraben.
Im Jahr 1350.«

Nachwort

Die Schelmenstreiche Till Eulenspiegels sind in unserem Volke so heimisch und gehören so selbstverständlich zu dem unvergänglichen literarischen Erbe, daß es richtig zu sein scheint, was bereits um die Mitte des 17. Jahrhunderts ein deutscher Schriftsteller schrieb: Der sei »ein großer Narr, der die gute Zeit verscherzet und indeß meinet, er begehe Doctorsarbeit, wan er Glossen und Notas über einen Eulenspiegel schreibet«.[1] Man liest die Geschichten von Eulenspiegel, lacht mit dem Schalk oder über ihn und plagt sich dabei nicht mit Problemen. Wenn jedoch hier nicht eine Auswahl an Eulenspiegelgeschichten, sondern das gesamte Volksgut von Till Eulenspiegel mit sämtlichen ihm zugeschriebenen Streichen in neuem Gewande vorgelegt wird, dann muß man diesem alten, vor über 500 Jahren entstandenen Werk doch einige Worte der Erläuterung beigeben. Schon allein deshalb, weil es den Leser, dessen Eulenspiegelbild etwa durch die schon den Kindern in Lesebüchern und Jugendschriften zugänglichen Geschichten geformt wurde, befremden oder gar erschrecken könnte, wenn er hier dem Original in seiner Ursprünglichkeit und krassen Derbheit begegnet.

Wie Eulenspiegel die Pfaffen noch als Toter im Sarg genarrt hat – glaubten sie doch, daß er im Gegensatz zu allen Christenmenschen auf dem Bauch liegend in die Erde komme, und er rutschte auf die Füße, so daß die ihm zugedachte schmähliche Lage wohl blieb und zugleich doch aufgehoben wurde –, so trieb Eulenspiegel nach seinem Tode mit den Literaturwissenschaftlern sein Possenspiel. Die Philologen sahen sich bei ihrer Beschäftigung mit der historischen Person Eulenspiegels und der Entstehung und Überlieferung des Volksbuches vor eine große Anzahl von Rätseln gestellt, und nur ein Teil davon konnte gelöst werden. Ich bringe hier nur die wichtigsten Ergebnisse solcher Forschungen, nämlich soweit sie für das Verständnis des Buches von Bedeutung sind.

Es ist wahrscheinlich, daß ein fahrender Gesell namens Eulenspiegel, der durch seine Possen bekannt wurde, in der ersten Hälfte des 14. Jahrhunderts gelebt hat und in Mölln, einem Ort zwischen Hamburg und Wismar, begraben liegt. Ein Braunschweiger Chronist bemerkt im Jahr 1486, daß 1350 dort der schwarze Tod herrschte, und in diesem Jahre sei Eulenspiegel zu Mölln gestorben. 1592 hat ein Reisender in Mölln Eulenspiegels Grab gesehen und beschrieben. Wenn dies auch nicht der ursprüngliche Grabstein war, so könnte es doch dessen Erneuerung gewesen sein. Es ist auch eine historische Tatsache, daß der Name Eulenspiegel, plattdeutsch »Ulenspeygel«, von 1335 an in Braunschweig und Umgebung mehrfach vorkommt. Die am meisten einleuchtende Namenserklärung betrachtet Ulenspeygel als einen Satznamen: »Ul'n Speigel«, wobei »ulen« soviel wie fegen, reinigen und »Speigel« (Spiegel) analog der Jägersprache einen gewissen Körperteil bedeutet. Das alles sind freilich keine unbedingt zuverlässigen Zeugnisse dafür, daß Eulenspiegel wirklich gelebt hat, wenn man aber die literarische Überlieferung des Volksbuches und dessen Gehalt mit in die Waagschale wirft, kann Eulenspiegels historisches Dasein kaum bestritten werden.

Nachdem der närrische Landfahrer gestorben war, wurden seine Streiche immer wieder erzählt und weitergetragen. Schließlich wurden die Schwänke Eulenspiegels gesammelt und zum Druck gebracht, aller Wahrscheinlichkeit nach von einem Braunschweiger, vermutlich von dem eben genannten Chronisten, der in seiner »Weltchronik« Eulenspiegels Tod verzeichnet hat, dem Schriftsteller Hermann Bote. Er war der Sohn eines Schmiedemeisters und hatte als Zollschreiber zweimal Kämpfe mit den Zünften zu bestehen, die ihm 1488 für 9 Jahre, 1513 endgültig sein Amt kosteten, wie er in seinem »Schichtbok« (1510/13) berichtet. Er starb um 1520. Erst Ende 1975 kam bei einer Versteigerung in Hamburg die bisher unbekannte Erstausgabe, die zwischen 1507 und 1512 entstanden ist, an die Öffentlichkeit. Bis dahin galt als älteste Ausgabe die 1514 von dem Straßburger Buchdrucker Johannes Grieninger verlegte. Auch sie hat nur mit einem einzigen Exemplar die Zeiten überdauert, das sich im Britischen Museum zu London befindet. Dieser Druck, der 94 Geschichten und das Epitaphium enthält, wurde unserer Ausgabe zugrunde gelegt. Die ältesten Drucke des Volksbuches sind bereits mit über 90 Holzschnitten geschmückt und leiten damit eine schöne Gewohnheit ein: Ohne Bilder ist seitdem eine Eulenspiegelausgabe kaum denkbar.

Eine neue Auflage mit dem gleichen Inhalt erschien aus derselben Presse 1519 und ist uns gleichfalls nur in einem einzigen Exemplar überliefert, das die Forschungsbibliothek Gotha aufbewahrt. Diese Ausgabe wurde für die vorliegende Ausgabe mit herangezogen.

Der Sammler hat offensichtlich die Absicht gehabt, mit der biographischen, in dem Hauptteil dem Reiseweg Eulenspiegels entsprechenden Anordnung der Geschichten eine systematische zu verbinden, d. h. inhaltlich verwandte Historien zu Gruppen aneinanderzureihen (z. B. die Geschichten 23–28 unserer Ausgabe, die Überlistungen weltlicher Fürsten zum Inhalt haben, und 75–86, die sich alle auf Wirte und Bewirtung beziehen). Dabei wurde an manchen Stellen der Zusammenhang zerrissen, oder es kam zu Unstimmigkeiten (z. B. zieht Eulenspiegel in der 19. Geschichte »wieder« nach Braunschweig, während vorher von einem Besuch in der Stadt nicht die Rede war). Ich habe an einigen besonders auffälligen Stellen den vermutlich ursprünglichen Zusammenhang hergestellt, indem ich die 47. und 88. und die 71. und 72. Geschichte jeweils miteinander vertauschte und den 2. Teil der ursprünglich 93. (hier die

101.) Geschichte vor den 2. Teil der ursprünglich 95. Geschichte setzte, so daß sich daraus die 104. Geschichte ergab. Unsere Ausgabe enthält jedoch neun Geschichten über den Umfang der beiden Straßburger Drucke hinaus. Ich entnahm acht davon (89–96) der Erfurter Ausgabe, die 1532 bei Melcher Sachse gedruckt wurde, und die 2. Geschichte einem Druck, der um 1530/34 bei Servais Kruffter zu Köln als eine kölnisch-mittelfränkische Ausgabe des Eulenspiegels erschien.

Es muß noch erwähnt werden, daß die Urfassung zwei weiteren Drucken als Vorlage diente: einer als Fragment erhaltenen englischen Übersetzung und einer verlorengegangenen niederländischen Ausgabe. Diese etwa zwischen 1515 und 1519 bei Michiel von Hoochstraten zu Antwerpen erschienene ist wiederum die Grundlage für zwei wichtige erhaltene Drucke: einem späteren Antwerpener Druck Hoochstratens und eine französische Übersetzung (1532).

Wenn auch zahlreiche im Volke lebende Erzählungen von witzigen Schalkstreichen auf Eulenspiegel übertragen wurden[2], so erlitt doch dadurch die Gestalt des Eulenspiegels in ihrer Klarheit und Eindeutigkeit keine nennenswerte Einbuße. Die verschiedenen Bearbeiter haben mit einem sicheren Gefühl das Volksbuch nur um verwandte Motive bereichert, die das Bild Eulenspiegels, wie es im Volke lebte, nicht verzerrten, wenn auch durch Mißverständnisse, Schreibfehler, Auslassungen und andere Verderbnis des Textes einzelne Unklarheiten und Verwischungen sich einschlichen, wie wir noch sehen werden, und wenn auch manche Motive durch Parallelgeschichten so oft wiederholt sind, daß es uns bisweilen des Guten zuviel erscheint.

So steht vor uns der »närrische« Abenteurer, der zwischen Warschau und Paris, zwischen Rom und der Nordsee unermüdlich wanderte, meist aber im mitteldeutschen Raum sich umhertrieb, bei Bauern und Fürsten, bei Pfarrern und Handwerkern einkehrte, sich zu mannigfacher Arbeit verdingte, stets aber mit dem Erwerb die Possenspielerei verband, unter dem Mantel täppischer Dummheit pfiffige Streiche vollführte.

Welches sind nun die Hauptmerkmale dieses deutschen Schalksnarren, und welches ist der Sinn der Eulenspiegelgeschichten, wenn wir das Volksbuch als Ganzes betrachten?

Zunächst könnte man meinen, Eulenspiegels Bedeutung erschöpfe sich im Schwankhaften. Er sei der Spaßmacher, der Leutefopper aus Freude an der Überlistung, nicht mehr. Hat doch der Literaturhistoriker Gervinus davon gesprochen, daß Eulenspiegel »der personifizierte Schwank« sei.[3] Andere meinen, das Volk habe mit ihm das Muster eines bestimmten Menschentypes, den »Typ des sieghaften schlauen Fuchses«, am Beispiel eines lebendigen Menschen gestalten wollen. Wenn wir jedoch die Streiche auf uns wirken lassen, dann wird uns sehr schnell klar, daß der Humor, der in unserem Volksbuch beschlossen liegt, und daß die Schlauheit des Schalkes eine ganz bestimmte Richtung haben. Da nun eine Reihe der älteren Nachdrucke Eulenspiegel bereits auf dem Titelblatt als »eins bauren sun« vorstellen, lag es auf der Hand, die Frage nach der Tendenz der Eulenspiegelstreiche so zu beantworten, wie Wilhelm Scherer in seiner »Geschichte der deutschen Literatur«[4]: Eulenspiegel zeige, »wie sich ein Bauer an den Städtern rächen konnte«. In ihm habe »sich überlegene Bauernschlauheit, die mit der Miene der Einfalt täuscht und auf die Macht der Roheit pocht, ein unvergängliches Denkmal gesetzt«. Diese Ansicht war bis heute die vorherrschende in den Literaturgeschichten. So heißt es bei Alfred Kleinberg[5], »Eulenspiegel vergelte mit echter Bauernschlauheit allen den Landleuten angetanen Schimpf dem Bürger hundertfach«, und in den »Annalen der deutschen Literatur« von Burger[6], es triumphiere im Eulenspiegelbuch »die bäuerliche Schlauheit über das städtische Handwerkertum«.

Die Jahrzehnte, in denen die Eulenspiegelgeschichten geformt wurden, waren die Epoche vor der Reformation und dem Bauernkrieg, eine Zeit der Verschärfung gesellschaftlicher und politischer Gegensätze. Deutschland war in eine Menge kleiner und kleinster Staaten zersplittert, in denen bei der politischen Ohnmacht des Kaisers die Feudalherren rücksichtslos herrschten. Die Ritterschaft, der niedere Adel, verarmte und verschuldete. Er und die geistliche Aristokratie der Bischöfe und Äbte verschärften die Ausbeutung ihrer Untertanen. Die Lage der Bauern, die den Unterbau des gesellschaftlichen Organismus bildeten, wurde durch den erhöhten Geldbedarf des Adels, der Kirche und der Fürsten immer elender. In den Städten standen sich Zunftbürger und Patrizier gegenüber, die um die Herrschaft stritten. Die Zünfte unterdrückten die Handwerksgesellen, die sich zu Brüderschaften zusammenschlossen. Die Stadtarmen waren ein ständig wachsender neuer Teil der Bevölkerung.

Es ist richtig, daß die meisten Streiche Eulenspiegels den Städter treffen. Aber erstens wenden sie sich nicht gegen den Bewohner der Stadt, den Nicht-Bauern schlechthin, sondern gegen ganz bestimmte Schichten der städtischen Bevölkerung: gegen hochmütige reiche Bürger, die die fahrenden Leute und die Bauern verachten (77, 86), den geizigen Bäcker (7, 20, 21), den dünkelhaften Weinzapfer (57), den mißgünstigen, egoistischen Metzger (60, 61), die auf ihr Geld pochenden Handelsherren (64), den boshaften Apotheker (98), den aufgeblasenen Bader (69), den tierquälenden Roßhändler (65), den dummen Spitalverwalter (18), und er macht sich lustig über die städtische Gerichtsbarkeit (58) und die Stadtpolizisten (33). Als Eulenspiegel selbst einmal als Stadtbüttel dient, verbindet er sich mit dem Teufel: Ist die Geschichte 95 auch keine echte Eulenspiegelgeschichte, da sie als einzige eine sagenhafte Gestalt handelnd einführt, wo widerspricht doch ihre Tendenz nicht dem Eulenspiegelbild. Eine herbe Kritik an diesen städtischen Bevölkerungsschichten liegt in der Bemerkung, daß Eulenspiegel, nachdem er in einer Stadt an der Weser alle Händel unter den Bürgern und was ihre Anschläge waren, ihre Lebensweise, ihren Handel kennengelernt hatte, sagte, daß er »ihrer müde« geworden sei, so wie sie seiner müde geworden waren (73).

Zweitens aber steht nicht der städtische Bürger allein im Treffpunkt des Eulenspiegelschen Witzes. Dessen Zielscheiben sind auch die weltlichen und geistlichen Herren (23, 24, 26–28, 63, 87, 91, 97). Welch ein Bild eines räuberischen, wegelagernden Junkertums entwirft doch die 11. Geschichte! Besonders hat es Eulenspiegel weiterhin auf die Pfaffen abgesehen (12, 13, 14, 39), an denen er Habgierde (100), Reliquienschacher (32), Gefräßigkeit (38, 67), Sittenlosigkeit (96) und Überheblichkeit (102) tadelt. Der Schalk verspottet die Romfahrten (35, 84) und die Beichte (39). Die Geschichte von dem Besuch beim Papst (35) enthält eine für die vorreformatorische Zeit geradezu unerhörte Verunglimpfung des allmächtigen Oberhauptes der Kirche. Nicht zuletzt treibt Eulenspiegel gern seinen Schabernack mit geizigen und habsüchtigen Wirten (72, 79) und klatschsüchtigen und liebedienernden Wirtinnen in Stadt und Land (84, 85). Aber auch die Gelehrten auf den hohen Schulen bleiben nicht ungerupft, wie wir noch sehen werden.

Bleibt aber nun der Bauer von Eulenspiegels Spott verschont? Keineswegs. Immerhin gelten ihm 14 Streiche. Es scheint also Eulenspiegel durchaus nicht lediglich der Vertreter der Bauern gegen das Bürgertum zu sein. Wenn wir uns aber die Geschichten, die den Landbewohner verspotten, näher betrachten, dann machen wir eine bemerkenswerte Entdeckung. Bei dem reichen, habgierigen Bauern geißelt Eulenspiegel all das, was den armen Leuten auf dem Dorfe schadet (8, 9, 44). Als er sich über die herrschenden Gewalten beschwert, schließt er diese Bauern, die auch schon beginnen, »durch die Finger zu sehen«, in seine Rüge mit ein (63). Im übrigen aber richtet sich seine schalkhafte Kritik gegen die Schwächen, die dem Landbewohner selbst Nachteile bringen, gegen die Leichtgläubigkeit (17, 31, 37, 68), das Dahinschwätzen, ohne die Worte zu wägen (79), den Aberglauben (93) und die gegenseitige Mißgunst (70). So übt Eulenspiegel in der 81. Geschichte derbe Kritik an der Unsauberkeit in einem Dorfwirtshaus. Der Schlamperei des Wirts, der erst am nächsten Tag die Spuren der Notdurft seiner Kinder beseitigen will, stellt Eulenspiegel in drastischer Weise gegenüber, wie er selbst täglich sein Unreines »wegschaffte«.

Spricht sich also in den Eulenspiegelgeschichten, wie vor rund 150 Jahren bereits der Literaturhistoriker Heinrich Kurz festgestellt hat, durchaus »das erste Erwachen des Selbstbewußtsein in den auch von den Städtern verachteten Bauern aus«, so wurde dem Schalk doch, wie Kurz gleichfalls sagt, solche Streiche zugeschrieben, »in welchen sich das Volk mit dem Bewußtsein seines gesunden Menschenverstandes den höheren und gebildeteren Ständen entgegenstellt«.[7]

Wir sehen den Sinn des Volksbuches darin, daß Eulenspiegel der Repräsentant nicht nur der Bauern, sondern des gesamten unterdrückten Volkes ist, sich mit seinen Streichen im Interesse der unterdrückten gegen die besitzenden Schichten wendet. Er tritt für die Fahrenden ein, deren Ehre er verteidigt (77). Und gerade die Handwerksburschen bewahrten Eulenspiegel ja auch ein ehrendes

Gedenken. Auf dem Kirchhof zu Mölln soll nach dem Bericht des Eulenspiegelforschers Lappenberg eine Linde gestanden haben, in deren Stamm jeder vorüberwandernde Handwerksbursche nach dem Besuch von Eulenspiegels Grab einen Nagel zu schlagen pflegte. Eulenspiegel nahm sich auch der reisenden Kaufleute an, die wir uns nicht etwa als reiche Herren, sondern als von den Bürgern und Wirten verächtlich betrachtete Trödler vorzustellen haben (78). Vor allem stellt sich Eulenspiegel auf die Seite der städtischen Plebejer, der lebenslänglichen Gesellen und Tagelöhner, der nicht zünftigen Handwerker. Ihre Leiden kennt er am besten: friert und hungert er doch mit ihnen in den kalten und teuren Wintern (41, 52). Er wehrt sich gegen die Ausnutzung der Lohnarbeiter durch unmäßige Arbeit bei Tag und Nacht (40, 41, 48, 51), gegen die schlechten Arbeitsbedingungen, unter denen sie zu leiden haben: Sie erhalten noch nicht einmal genügend Lichter für die Nachtarbeit (21). Er kritisiert Schmutz und Gestank in den Werkstätten (52). Das Volksbuch kennzeichnet – immer in Beziehung zu den »Knechten« – die Überheblichkeit und Rigorosität (41), die Faulheit (43) und die Ungerechtigkeit (45) der Meister. Es ist also durchaus berechtigt, wenn Richard M. Meyer schreibt[8]: »Eulenspiegels Schwänke bedeuten Notwehr des städtischen Proletariats gegen Meister und Bürgerschaft.« So wie das Wort Schalk sich von der Bedeutung »Knecht« (im Althochdeutschen) über die eines böswilligen, arglistigen Menschen (im Mittelhochdeutschen) zu der Bedeutung »Schelm« entwickelt hat, so wird das Volksbuch von Eulenspiegel gleichsam das literarische Symbol dieser Wandlung: In ihm ist der Knecht als Schelm aufgestanden, um seine menschlichen Ansprüche anzumelden. Die Knechte und Lohnarbeiter werden – im Gegensatz zu den späteren Schwankbüchern des 16. Jahrhunderts – in unserem Volksbuch an keiner Stelle verspottet oder angefeindet. Mit den Angehörigen dieser Schichten gibt es für Eulenspiegel keine grundsätzlichen Konflikte. Einmal wendet sich der Knecht auf der Seite des Meisters gegen den Schalk (45); die Historie zeigt jedoch, wie übel das dem Knecht bekommt: Der Meister wälzt alle Schuld auf ihn und jagt ihn schließlich weg. Im Eulenspiegelbuch steckt etwas von dem Geist der plebejischen Opposition; sie bewirkte im 15. Jahrhundert eine erhebliche Anzahl von städtischen Verschwörungen und Aufständen, die das Herannahen der frühbürgerlichen Revolution kündeten, und gerade in Braunschweig, der vermutlichen Geburtsstätte des Volksbuches, fanden in den Jahren 1445, 1488 und 1513 solche Erhebungen statt. Die städtischen Plebejer und die Bauern, also die Schichten, aus deren Perspektive das Eulenspiegelbuch gestaltet ist, waren die Kräfte, die den revolutionären Flügel der Reformation bildeten.

Mit Eulenspiegel tritt dem Hofnarren der gesunde, lebenskräftige Volksnarr oder besser Volksschalk gegenüber, der aus dem Volke kommt und für das Volk Partei ergreift, der bei aller scheinbaren Beschränktheit und Narrenhaftigkeit reich an Witz und Beobachtungsgabe ist und kerngesunde Ansichten hat. Daß

Eulenspiegel die Interessen des geknechteten Volkes vertritt, ist bereits von Joseph Görres in seiner beachtenswerten Schrift über »Die teutschen Volksbücher« (1807) – leider mit geringem Widerhall – ausgesprochen worden. Görres bezeichnet das Volksbuch von Eulenspiegel als »ein Erzeugnis einer ganzen Klasse« und schreibt: »Was ihm daher die allgemeine Haltung gibt, ist durchaus das immer sich gleichbleibende Gepräge der unteren Volksklasse, in der es ursprünglich entstanden war.« Für das gesamte Volk wendet sich Eulenspiegel gegen das Durch-die-Finger-Sehen der geistlichen und weltlichen Fürsten, der Räte und Pfaffen (63), gegen die Übergriffe, die Unredlichkeit und das ausbeuterische Verhalten aller Beamten des feudalen Staates, des höchsten wie des niedrigsten (91), und er spricht die Worte: »Was jedermanns Recht ist, nimmt man ihm gern.« (23) Vor allem aber kämpft er auch gegen die Verdummung des Volkes durch eine Afterweisheit der »Gelehrten«, durch die an den Hochschulen herrschende spekulierende Scholastik (29, 39, 94). Er zerreißt mit der einfachen, erfrischenden Klarheit und dem realen Sinn des Mannes aus dem Volk die Problemgespinste einer lebensfremden »Wissenschaft«, die das Volk nur übertölpeln und beherrschen hilft. Das gilt besonders auch für die Arzeneikunde, wie man früher die Medizin nannte (16, 17, 18). Eulenspiegel nötigt den Gelehrten auf der hohen Schule zu Paris (94) sogar die Erkenntnis ab, daß es besser sei, der Mensch tue das, was er weiß, d. h. was Erfahrung und Verstand ihm sagen, als daß einer lernt, was er nicht weiß, d. h. sich aus den Büchern die Weisheit holt, die man besser aus dem Leben gewinnen kann.
Aus der Perspektive der eben erwähnten Geschichten gewinnt ein Motiv seinen Sinn, das zahlreichen Geschichten eigen ist: das Motiv des Wörtlich-Nehmens (11, 12, 20, 21, 24, 34, 40, 41, 42, 44, 48, 51, 53, 54, 56, 61, 67, 74, 79, 82, 83, 88, 89, 90, 97, 98). Der Barbier, der Eulenspiegel in Arbeit nahm, sagt zu ihm: »Sieh, das Haus da gegenüber, wo die hohen Fenster sind, da geh hinein«, und Eulenspiegel steigt durch die klirrenden Fensterscheiben in die Barbierstube. Und als der Meister ihn später fortjagt: »Geh wieder hin, wo du hergekommen bist«, springt der Schalk wieder durch die Fenster hinaus (74). Es ist richtig, wenn Gervinus sagt, Eulenspiegel parodiere gleichsam das Sprichwort. Er zeigt den Doppelsinn und den Unsinn, ja die Schädlichkeit mancher Sprichwörter und Redensarten. Aber es ist dies nicht alles. Diese Geschichten sind ein Ausdruck dessen, daß das Volk zu dieser Zeit – die Straßburger Ausgaben entstanden kurz vor Luthers Bibelübersetzung – eine stärkere Anteilnahme, ein neuerwachendes Interesse an der Gestaltung seiner Sprache gewinnt. Wieder trifft meines Erachtens Kurz den Kern der Sache, wenn er schreibt, Eulenspiegel »will den Leuten recht begreiflich machen, daß der Buchstabe tötet und nur der Geist lebendig macht«. Es kommt auf den Sinn an, die »Meinung«, nicht auf das Wort – das wird einige Male deutlich von den Geprellten ausgesprochen, die Eulenspiegel belehren wollen, doch damit, daß sie sich prellen ließen, allem Volk kundtun, was Eulenspiegel verkünden will. Der bloße Wortmacher

wird verurteilt (78), ebenso die Aufblähung der Worte (69). So stehen diese Streiche, so simpel sie oft anmuten dürften, in einer Reihe mit den Geschichten, in denen die nur aus Worten tüftelnde »Wissenschaft« einen Nasenstüber bekommt, und mit denen, die das kirchliche Formelwesen verurteilen. Denken wir an die Begräbnisepisode, die eingangs erwähnt wurde (102, 103): Hier wird der Formel der Pfaffen (daß Eulenspiegel anders als die Christenmenschen liegen müsse) Genüge getan, und sie wird dennoch ad absurdum geführt. Im Tode leistet sich Eulenspiegel damit die ausgesuchteste Verfeinerung seiner Wortwitze. In der 19. Geschichte wird erzählt, daß Eulenspiegel eine schlechte Erfahrung mit einer Abwandlung des Bibelwortes macht: Wer hat, dem wird gegeben, und er hält sich künftig nicht mehr daran. Er verspottet auch den religiösen Aberglauben und blinden religiösen Fanatismus der Juden (36).

Dies alles ist eine Form der Gegenwehr des Volkes gegen das kirchliche Bildungsmonopol und Formelwesen und den toten Buchstabenglauben und eine dauernde Warnung, auf das Wort und seinen Sinn zu achten, die Sprache mit dem Denken zu verbinden und aus der Realität des Lebens heraus gebrauchen zu lernen. In diesem Sinne ist es gemeint, wenn Eulenspiegel zu der Wirtin zu Nienstetten (31) sagt, die Wahrheit zu reden sei sein Gewerbe, und wenn er betont, danach zu streben, »daß der Irrtum aus dem Volke herauskommt« (65). Kennzeichnend dafür ist die Geschichte 42. Der Schmied bittet Eulenspiegel wahrzusagen. Der Schalk macht daraus »Etwas Wahres sagen«, aber die platten Wahrheiten, die er ausspricht, werden von den Menschen dennoch dankbar als Prophetien aufgenommen.

Als den Volksnarren schmückt das Volk seinen Eulenspiegel mit den Merkmalen des Gesunden. Er ist ein ansehnlicher, ein schöner Mann. Ein nie verzagender Optimismus ist ihm eigen. Man spürt: Er wird nie zugrunde gehen, was auch kommen mag. Er zeigt stets ein fröhliches, ausgeglichenes Wesen. Er ist kein Schwarzkünstler, aber ihm ist vieles möglich: Er fängt ohne weiteres einen Wolf und kann einem Pferd den Schwanz wieder einsetzen, der ihm herausgezogen worden war. Vor allem ist er jedem überlegen – durch die Unmittelbarkeit und Unerschöpflichkeit seines Humors.

Man muß sich hüten, die einzelnen Geschichten für sich zu nehmen, sondern muß bei ihrer Lektüre von der Betrachtung des Ganzen her die richtigen Akzente setzen. Dann wird man z. B. in der Behandlung der Mutter (98) nicht die harte Ungezogenheit als das Hauptmerkmal ansehen, sondern erkennen, daß hier – allerdings auf recht grobe Weise – die Ablehnung aller falschen Feierlichkeit und aller Weinerlichkeit als ein weiterer Zug zum Eulenspiegelbild hinzugefügt werden soll, ein Zug, der in der folgenden Geschichte noch schärfer herausgehoben wird. Das salbadernde Lamentieren der Begine, die Eulenspiegel veranlassen will, sich der »Süßigkeit des Todes« durch Beichten aller Sünden zu vergewissern, fällt dem Todkranken so auf die Nerven, daß er der Begine Dinge sagt, die offenbar werden lassen, daß ihre Sanftmut und Frömmigkeit bald versagen. So dient seine Grobheit als ein untergeordnetes Merkmal der Geschichte dazu, das eigentliche Motiv zu verdeutlichen, nämlich das Pharisäertum derer zu entlarven, die sich über die Sünden anderer so erhaben fühlen wie jene Begine über die des Volksnarren. Formal wird das dadurch unterstrichen, daß sich die Eingangssätze dieser Geschichte (99), die Worte der Begine, durch ihre Geschraubtheit von der sonst so schlichten Diktion der Erzählung unterscheiden.

Wenn wir die Gesamttendenz des Volksbuches vor Augen haben, dann werden wir einsehen, daß nicht etwa unmoralische Handlungen gerechtfertigt werden sollen, sondern alle Streiche klärend wirken und einen versöhnenden Ausgang haben. Man mag die Probe aufs Exempel machen: Die einzelnen Streiche Eulenspiegels sind stets aus dem Sinngehalt des ganzen Volksbuches heraus motiviert, in den meisten Fällen dadurch, daß sie den treffen, der es verdient hat, oder doch, wie bereits gesagt, die Menschen aufrütteln, die Eulenspiegel in ihrem eigenen Interesse belehren will, um sie vor noch größerem Schaden zu bewahren. Vergegenwärtige man sich, daß damals vorsätzliche Betrüger in Scharen durch die Länder zogen, um die arglosen Menschen, vor allem in den Dörfern, zu begaunern und sich persönliche Vorteile an Geld, Gut oder Nahrung zu verschaffen! Eine markante Warnung, die sich herumsprach, so wie sie an Eulenspiegels Auftreten geknüpft war, ist deshalb durchaus angebracht gewesen.

Bisweilen wird durch eine längere Vorgeschichte und manchmal durch eine besondere pointenlose (8) Geschichte bewiesen, warum ein Streich gespielt wird (9). Nicht durchweg kommt das allerdings klar zum Ausdruck. Ausnahmen sind z. B. die Geschichten 47, 67, 75, und 92. Man denke an die oben geschilderte Entstehungsgeschichte des Volksbuches! Es ist anzunehmen, daß die 47. Geschichte, die ja ohnehin verstellt wurde, verdorben ist. Es scheint mir, als ob ursprünglich der Streich den Marktnichtsnutz treffen sollte, der in der vorliegenden Fassung zu Beginn des 4. Absatzes ziemlich unmotiviert erwähnt wird, und nicht den braven Obstgärtner. Der Geschichte 67 muß ein Lokalwitz über die Gerdauer Frauen zugrunde gelegen haben, der dem Schöpfer des Eulenspiegelbuches so wichtig war, daß er diese Geschichte als die einzige, die Eulenspiegel als Gefoppten darstellt und die auch als eine Zote gedeutet werden kann, in die Sammlung aufnahm. Die 75. Geschichte scheint ursprünglich mit der folgenden eine einzige Historie gebildet zu haben, so daß Eulenspiegel derselben Wirtin nicht nur ihrer Großsprecherei, sondern auch ihrer Unsauberkeit wegen einen Denkzettel geben wollte. Die 92. Geschichte ist meines Erachtens keine echte Eulenspiegelgeschichte; hier fehlt tatsächlich jede innere Berechtigung des Streiches, und es ist uns kein Trost, wenn die Überlieferung, dessen bewußt, hinzugefügt hat, daß Eulenspiegel die erlisteten Schuhe dem Knecht in seiner Herberge schenkte.

Dieser Schlußsatz unterstreicht aber immerhin einen Charakterzug Eulenspiegels: Er verübt seine Streiche nicht des Vorteils wegen, der dann und wann dabei für ihn herausspringt, sondern um der Einsicht willen, zu der er durch seine Narretei führen will. Hat er auch bisweilen einen Gewinn, so kommt es ihm doch schließlich nicht darauf an, und der Gewinn ist schnell zerronnen. Eulenspiegel kommt nie auf einen grünen Zweig und stirbt so arm, wie er geboren wurde. Er ist kein Betrüger, sondern ein Schalk; kein Gauner, sondern ein ernsthafter Possenreißer. Allerdings ist das der Umwelt, die sein Spott trifft, schier unfaßbar. Bis in sein Sterben hinein will man ihm nicht glauben, daß er keine Schätze gehäuft habe (98, 100, 101, 104): Wie kann man uneigennützig so wunderlich sein, wie kann man solche Gaben der Weisheit und Geschicklichkeit nicht dazu ausnutzen, Reichtümer anzuhäufen und ein herrenhaftes Leben zu führen?

Wie ist die Wirkung der Streiche auf die Geprellten selbst? Wir hören immer wieder, daß sie sich trotz des Schadens, den sie erlitten haben, mit Eulenspiegel vertragen, d. h. sich letzten Endes des Sinnes und der Berechtigung der Posse nicht verschließen können. Eulenspiegel steht auch Rede und Antwort, verficht die Berechtigung seiner Streiche und macht sich nur dann aus dem Staub, wenn die Verspotteten völlig humorlos nach dem Büttel rennen, der Eulenspiegel einsperren soll. Aber auch in diesen Fällen scheut er nicht das Wiederkommen. An einigen Stellen wird ausdrücklich die Sympathie vermerkt, die Eulenspiegel im Volke hat. In Lübeck entsteht fast ein Aufruhr, als er gehenkt werden soll, und nach seinem Tode setzt man ihm einen bedeutungsvollen Stein.

Eulenspiegel ist als Wirklichkeitsmensch mit allen drastischen Zügen der Lebensformen seines Jahrhunderts ausgestattet. Als der Gesamtbedeutung und Tendenz des Volksbuches von Eulenspiegel untergeordnet muß man deshalb auch die Tatsache betrachten, daß in einer Anzahl Geschichten die Realitäten der Verdauungsfunktionen eine Rolle spielen. Von diesen Ausdrucksmitteln, in denen die Derbheit und das Ungeschlachte des Volkslebens zu ungeschminkter Darstellung kommen, trennen uns fünf Jahrhunderte. Man mag die Nase über diese Dinge rümpfen oder nicht, es ist eine Tatsache, daß diese drastische, maßlos vergröberte, übersteigerte Darstellungsform mit bewirkte, daß die Geschichten überall erzählt wurden, nicht als Kindergeschichten, sondern in den Wirtshäusern, den Werkstätten und Badestuben, unter den Fahrenden und auf den Märkten, und daß das, was die Geschichten, trotz des Unflates, an Witz und Lehre, an Mahnung, Warnung und Aufklärung enthielten, erkannt wurde. Es ist zu bedenken, daß die volkstümliche Literatur in der Zeit, zu der die Eulenspiegelgeschichten im Volke geformt und weitergetragen wurden, als eine kraftvolle Lebensäußerung des Volkes gegen die höfische Literatur vorstieß, die Werk und Besitz einer dünnen Oberschicht war. Nicht von ungefähr spielt sich in besonders unflätiger Derbheit der Wettstreit Eulenspiegels mit dem Hofnarren des Königs von Polen ab (25).

Ein drastisches Wort, das wohl auch heute noch manch einer, und nicht der Schlechteste, auf den Lippen oder auch nur in Gedanken haben mag, wurde im Volksbuch von Eulenspiegel zur Tat. Man sollte es bei der Lektüre wieder Wort oder Gedanke werden lassen, d. h. als Metapher nehmen, wenn es einen plagt. Beachtenswert erscheint mir, was Görres darüber schreibt, nachdem er sehr richtig betont hat, daß Eulenspiegel sich niemals in das eigentlich Obszöne verliert: »Allein wenn man das anstößig finden wollte, dann bedenke man doch, daß der Scherz des Aristophanes durchgängig von nicht viel mehr sublimierter Art erscheint und daß das ganze atheniensische Publikum keinen Anstand nahm, von den Götterbildern zu der Bühne hinzueilen und dort an den bizarren Nuditäten des Dichters sich zu ergötzen. Gerade weil unsere einseitige Kultur uns nach und nach auf eine alberne Ziererei hingetrieben hat, die die Natur verleugnen will und sich der Wohltaten schämt, die sie von ihr empfängt, weil sich alles gerade eben nicht mit eleganter Sauberkeit abtun läßt; für diese ist eben Eulenspiegel eine sehr gute Gegenwucht und eine ironisierende Apostrophe der Verachteten an die Hoffärtigen, die gegen sie fremd und vornehm tun, damit sie sich erinnern, daß sie auch aus Fleisch und Bein gemacht sind und der Erde angehören.«

Den Sinn, der hinter dem Unfug und der Narretei steckt, als die Hauptsache zu sehen, lehrt auch Heinrich Kurz. Er sagt von dem Volksbuch, nur in seinem tieferen Sinn liege die Erklärung dafür, weshalb das Buch nicht allein in Deutschland so vielfältige Verbreitung gewinnen konnte, sondern auch in beinahe alle europäischen Sprachen übersetzt wurde, was kaum zu begreifen wäre, wenn man nur die Unflätigkeit und die häufige Wiederholung der Späße ins Auge fassen wollte. Damit unterstreicht Kurz übrigens ein Wort Lessings, der das Volksbuch von Eulenspiegel ein »sinnreiches Werk« nennt. Es ist in diesem Zusammenhang beachtenswert, daß schlüpfrige Erlebnisse Eulenspiegels nicht berichtet werden. Das Sexuelle hat in dem Sinnzusammenhang des Volksbuches nur dort Berechtigung, wo es als Kritik auftritt, nämlich um die Sittenverderbnis der Pfaffen zu kennzeichnen (14, 39, 96). Aus diesem Grunde, um einen zügellosen Pfaffen bloßzustellen, verbindet sich Eulenspiegel auch einmal mit einer Dirne (96).

Die Geschichten von Eulenspiegel haben über ihren gesellschaftlichen Gehalt hinaus einen erheblichen kulturhistorischen Wert. Sie geben uns in ihrer derben Realistik einen Einblick in das Volksleben der Zeit ihrer Entstehung. Wir besuchen die Märkte mit ihren Budenreihen, den »Bänken«, und mit den Kaufleuten und Käufern, den Hökerinnen, Marktbummlern und Gauklern. Wir schauen in die Handwerksstuben der verschiedenen Gewerbe hinein. Da eilen die auf der Straße liegenden Schuhmacherknechte in eine Schuhmacherei, weil dort Arbeit winkt und »sie sich einen vollen Kropf versprechen«, und nun singen sie auch laut bei ihrem Werk, »wie es ihre Art ist« (46). Wir lesen von dem Leben in den Herbergen, und wir wandern auf den Landstraßen und begegnen Bauern, die vom Markte kommen, Blinden, die in ihrer Gebrechlichkeit dahinschleichen, Mönchen in ihren Kutten, Herren hoch zu Roß und im Wagen, und auch einmal einem Bischof mit seinem Gefolge auf wichtiger politischer Fahrt. Wir lernen die Gebräuche des Volkes beim Essen, beim Kaufen und Verkaufen und seinen Aberglauben, seinen Witz kennen. Und auch seine Sprache. Es ist eine einfache, schlichte Sprache, die keinen großen Reichtum an Wörtern besitzt, bisweilen sogar recht monoton (z. B. in der dauernden Wiederholung des »sagte er«, »sprach er«) erscheint, aber dennoch recht ausdrucksfähig ist, auch für solche Dinge, die zwischen den Zeilen gesagt werden. Wieviel Satire etwa steckt darin, wenn von dem hohen Gericht zu Lübeck, das Eulenspiegel zum Tod am Galgen verurteilt hatte und durch seinen letzten Wunsch in arge Kalamitäten kam, gesagt wird, es habe »aus Gnade und aus sonst dazukommenden Gründen« beschlossen, ihn laufenzulassen. Welche Ironie liegt doch in den einfachen Worten der 91. Geschichte: »Da Eulenspiegel nun ein gewaltiger Hirte war ...« Es ist eine Sprache, die so wuchtig, so grob und so kräftig profiliert herausgemeißelt ist wie die alten Holzschnitte, die sie begleiten. Ich habe versucht, bei der Übertragung des alten Textes eine Sprachform zu finden, die dem Leser eine flüssige Lektüre ermöglicht und das Verständnis erleichtert, ohne allzusehr von der Sprache des Originals abzuweichen. Besonderheiten sprachlicher und kulturhistorischer Art sind in den Erläuterungen am Ende des Buches erklärt.

Auch die Gestaltung des Stoffes ist beachtenswert: Die Tendenz ist nie stark aufgetragen, ja, oft gar nicht ausgesprochen. Nur in Ausnahmefällen ist die »Moral« der Geschichte besonders hervorgehoben. Die kritisierten Personen, die Pfaffen, Bürger und Handwerksmeister, werden nicht als hölzerne Karikaturen, sondern als Menschen von Fleisch und Blut dargestellt. Man muß bedenken, daß die Geschichten nicht nur zum Lesen niedergeschrieben wurden, sondern, wie der Bearbeiter des Drucks von 1515 in seiner Vorrede schreibt, vor allem zum Vorlesen und als Anregung zum Fabulieren, »so sich die Mäuse unter den Bänken beißen und die Stunden kurz werden und die gebratenen Birnen wohl schmecken bei dem neuen Wein«.

Schließlich ist, gattungsgeschichtlich gesehen, das Volksbuch von Eulenspiegel eine interessante Frühstufe in der Entwicklung des deutschen Prosaromans. Um eine Mittelpunktsfigur ordnen sich gleichartige Geschichten an; und indem diese Geschichten so aneinandergereiht werden, daß ein Sinnzusammenhang und eine, wenn auch primitiv fortlaufende Handlung, eben der Lebens- und Reiseweg Eulenspiegels, sichtbar sind, entsteht eine literarische Kunstform, aus der sich die langatmige Erzählung von einem sich durch wechselvolle Schicksale wandelnden Helden, der Roman, entwickelt. Wenn Eulenspiegel auch »unverbesserlich« bleibt, bleiben muß, solange das, was er kritisiert, nicht verbessert ist, so ist doch an wenigen Stellen eine Entwicklung seines Charakters durch Erfahrung angedeutet (19). Ferner sind zwischen die Pointengeschichten, die einen anekdotenhaften Aufbau haben, biographisch berichtende Stücke eingeschaltet (6, 22). Das Eulenspiegelvolksbuch ist ein Zwischenglied zwischen der reinen Schwanksammlung und dem Volksbuch, das eine weitere Annäherung an die Romanform darstellt, dem »Doktor Faust« (1587). Über beide Entwicklungsformen führt der Weg zu der Form des biographischen Abenteurerromans Grimmelshausens »Der abenteuerliche Simplizissimus«.

Zum Schluß muß ich noch einmal Görres zitieren, weil er ein so treffendes Wort geprägt hat. Er nannte das Eulenspiegelbuch ein »Kapital, das immer in der Nationalbank stehen bleibt«. Wenige deutsche literarische Erscheinungen haben ein solch kräftiges Leben bewiesen wie der Eulenspiegel. Seit den Straßburger Drucken wurde das Volksbuch immer wieder nachgedruckt und in unzähligen Ausgaben verbreitet. Hans Sachs hat ihm den Stoff für zahlreiche Schwänke, Fastnachtsspiele und Meistergesänge entnommen. Johann Fischart hat 1572 das ganze Eulenspiegelbuch in Reime gesetzt. An fast allen Brennpunkten der literarischen Entwicklung spielte Eulenspiegel eine Rolle, wenn er auch nicht immer zu so abgerundeten Arbeiten inspirierte wie in der Aufklärung Friedrich Herzberg zu seinem zweibändigen Buch »Leben und Meinungen des Till Eulenspiegel«. Zu Singspielen, dramatischen Schwänken, Dramen, Gedichten (Gellert, Matthias Claudius, die beiden Schlegel) und Romanen lieferte Eulenspiegel den Stoff. Bedeutende Dichter ließen sich von der Eulenspiegelfabel zu eigenständigen Dichtungen anregen: Charles de Coster griff in seinem »Ulenspiegel« (1867) die flämische Tradition auf, nach der Eulenspiegel in Damme begraben sein soll, und zeigt, wie der Schalk, der »Geist Flanderns« zum Freiheitskämpfer wird, und Gerhart Hauptmann gab seinem Bild von der Situation der Weimarer Republik Ausdruck in »Des großen Kampffliegers, Landfahrers, Gauklers und Magiers Till Eulenspiegel Abenteuer, Streiche, Gaukeleien, Gesichte und Träume« (1928).

Wir meinen, daß Eulenspiegel heute noch so gültig ist wie ehedem. Haben sich auch die Formen der Kritik geändert, so gibt es doch heute noch die gleichen Schwächen und Fehler, die Eulenspiegel rügte. Oder ist etwa der Aberglaube ganz ausgestorben, der dem Bauern sein schönes Pferd kostet? (93) Gibt es heute keine Zusammenkünfte mehr, auf denen Binsenwahrheiten verzapft werden wie auf dem Schneiderkongreß, den Eulenspiegel zusammenrief? (50) Stoßen wir nicht immer noch auf gedankenlose Nachrede und unwahre Behauptungen, die wir am liebsten so hart bestrafen möchten wie der Schalk an der Wirtin? (84) Oder denken wir nicht, wenn wir lesen, daß ein Bader seine Badestube »Haus der Reinigung« nannte (69), an die Hochstapler unserer Sprache, die Stilgecken und Phrasenmacher, die kein Verständnis für das rechte Verhältnis von Ton und Inhalt haben? Das sind nur einige Beispiele.

Als echte Nachfahren Eulenspiegels können deshalb nur die literarischen Unternehmungen gelten, in denen Satire und Humor in den Dienst der Zeitkritik gestellt werden. So ist es verständlich, daß sich wiederholt deutsche satirische Zeitschriften nach Eulenspiegel nannten. Die erste war wohl die Wochenschrift »Till Eulenspiegel«, die Christian Löper 1775 in Wien herausgab. In Prag bemühte sich 1797 ein Quartal lang »Der theatralische Eulenspiegel«, die Vorstellungen der beiden deutschen Theater Prags, nämlich des »Nationaltheaters« und des »Vaterländischen Theaters«, und der »Italienischen Oper« auf satirische Art zu kritisieren. In entscheidenden Situationen der deutschen Geschichte entstanden satirisch-politische Zeitschriften, die sich das selbstverpflichtende Signum des Volksnarren zulegten. Einen »Berliner Eulenspiegel von und für Narren« gab vom April 1829 an Eduard Maria Öttinger heraus, der sich jedoch nach der Märznummer 1839 wegen der drückenden Zensurverhältnisse genötigt sah, nach München überzusiedeln. Wegen Majestätsbeleidigung aus den bayrischen Staaten verwiesen, kehrte Öttinger nach Berlin zurück und gab dort 1831 seinen »Till Eulenspiegel« als »Berliner, Wiener, Hamburger Kurier« neues Leben, mußte ihn aber noch vor Jahresende eines gewaltsamen Todes sterben sehen. 1848 gründete einer der aufrechten demokratischen Publizisten und mutigen Freiheitsdichter der bürgerlichen Revolution, der 27jährige Karl Ludwig Pfau, in Stuttgart eine politische humoristische Zeitschrift »Eulenspiegel«. Dieses kämpferische, gut illustrierte Blatt bestand unter wechselnder Schriftleitung (J. Nisle, L. Weißer, H. Schmidt, F. Binder) bis 1853, hatte ungeheuer unter der Zensur und anderen Schikanen zu leiden (es erschien kaum eine Nummer ohne Zensureingriffe) und erlag schließlich der Reaktion, nachdem die Redakteure verfolgt und zu harten Strafen verurteilt worden waren. Im Zeichen einer Neubelebung demokratischer Ideen in Württemberg konnte 1862–64 »Der wieder auferstandene Eulenspiegel« unter Emil Ebner an die Öffentlichkeit treten. Ein sehr kurzes Leben hatte der gleichfalls in Stuttgart 1919 erscheinende »Eulenspiegel«. In den Jahren des Übergangs zur faschistischen Diktatur wurde in Berlin unter der Mitwirkung von Heinrich Zille eine satirische Kampfzeitschrift »Eulenspiegel« gegründet, die von 1928 bis 1931 Otto Nagel leitete und deren engster Mitarbeiter Erich Weinert war. Nach dem Zweiten Weltkrieg begründeten Herbert Sandberg und Günther Weisenborn einen vierzehntäglich erscheinenden inhalts- und farbenreichen »Ulenspiegel« als ein der Satire und Kunst verschworenes antifaschistisches Blatt, das fünf Jahre wirkte. Und 1954 nahmen die Zeitschrift »Frischer Wind« und ein neugegründeter Verlag »für Humor und Satire« den Namen des großen deutschen Volksnarren an, um fortan als »Eulenspiegel« mit heiteren und ernsten Possen Gutes zu bewirken.

Gerhard Steiner

Anmerkungen zum Nachwort

1 Johann Michael Moscherosch: Wunderbare und wahrhaftige Geschichte Philanders von Sittewald, 1642/43.
2 Eine Reihe der Geschichten stimmt in den Motiven mit Geschichten aus den Schwanksammlungen des »Pfaffen Amis« (von dem Österreicher Strikker aus der ersten Hälfte des 13. Jahrhunderts) und des »Pfaffen vom Kalenberg« (um 1400 entstanden und Philipp Frankfurter in Wien zugeschrieben) überein oder sind aus anderen Quellen der Weltliteratur bekannt.
3 G. G. Gervinus: Geschichte der Deutschen Dichtung. 2. Band, 4. Ausgabe. 1853
4 3. Auflage von 1885.
5 Alfred Kleinberg: Die deutsche Dichtung. 1927.
6 Geschichte der deutschen Literatur von den Anfängen bis zur Gegenwart. Hrsg. von Heinz Otto Burger. 1952/53.
7 Geschichte der deutschen Literatur. 1853-59.
8 Geschichte der deutschen Literatur. I. Band, 2. Auflage, 1929

Die Historien

1	Wie Till Eulenspiegel geboren und dreimal an einem Tage getauft ward, und wer seine Taufpaten waren.	5
2	Wie Eulenspiegel einem reisigen Manne Antwort gab, der nach dem Wege fragte.	6
3	Wie alle Bauern und Bäuerinnen über den jungen Eulenspiegel klagten und sprachen, er wäre ein Bube und Lecker, und wie er auf einem Pferd hinter seinem Vater ritt und stillschweigend die Leute hinten den Arsch sehen ließ.	7
4	Wie Klaus Eulenspiegel von Kneitlingen wegzog an das Wasser der Saale, woher Tills Mutter gebürtig war, dort starb, und wie sein Sohn auf dem Seil gehen lernte.	8
5	Wie Eulenspiegel den Jungen mehr denn hundert Schuhe von den Füßen schwatzte und machte, daß sich alt und jung darum bei den Haaren raufte.	9
6	Wie Till Eulenspiegels Mutter ihn ermahnte, daß er ein Handwerk lernen sollte, sie wollte ihm dazu verhelfen.	11
7	Wie Eulenspiegel einen Brotbäcker in der Stadt Staßfurt um einen Sack voll Brot betrog und das seiner Mutter heimbrachte.	12
8	Wie Eulenspiegel das Weck- oder Semmelbrot mit anderen Jungen aß, und wie er es mit Macht essen mußte und dazu geschlagen ward.	13
9	Wie Eulenspiegel bewirkte, daß des geizigen Bauern Hühner sich um das Luder zogen.	14
10	Wie Eulenspiegel in einen Bienenkorb kroch und in der Nacht zwei kamen und den Bienenkorb stehlen wollten und er es machte, daß die beiden sich rauften und den Bienenkorb fallen ließen.	15
11	Wie Eulenspiegel ein Hofjunge ward und ihn sein Junker lehrte, so oft er das Kraut »Henff« fände, so sollte er hineinscheißen; da schiß er in den Senf und meinte, Henff und Senf wäre ein Ding.	16
12	Wie Eulenspiegel sich zu einem Pfarrer verdingte und ihm die gebratenen Hühner vom Spieß aß.	18
13	Wie Eulenspiegel ein Mesner ward in dem Dorf Büddenstedt, und wie der Pfarrer in die Kirche schiß, so daß Eulenspiegel eine Tonne Bier damit gewann.	20

14	Wie Eulenspiegel in der Ostermesse ein Spiel machte, daß sich der Pfarrer und seine Köchin mit den Bauern rauften und schlugen.	21
15	Wie Eulenspiegel vorgab, daß er zu Magdeburg von der Laube fliegen wollte, und die Zuschauer mit Schimpfreden abwies.	22
16	Wie Eulenspiegel sich für einen Arzt ausgab und des Bischofs von Magdeburg Doktor behandelte, der von ihm betrogen ward.	23
17	Wie Eulenspiegel im Dorfe Peine einem kranken Kind zum Scheißen verhalf und großen Dank verdiente.	26
18	Wie Eulenspiegel zu Nürnberg in einem Spital alle Kranken ohne Arzenei gesund machte.	27
19	Wie Eulenspiegel Brot kaufte nach dem Sprichwort: Wer Brot hat, dem gibt man Brot.	29
20	Wie Eulenspiegel sich zu Braunschweig als Bäckerknecht verdingte, und wie er Eulen und Meerkatzen buk.	30
21	Wie Eulenspiegel im Mondschein das Mehl in den Hof beutelte.	31
22	Wie Eulenspiegel allwegen ein falbes Pferd ritt und nicht gern war, wo Kinder waren.	33
23	Wie Eulenspiegel sich bei dem Grafen von Anhalt als Turmbläser verdingte, und wenn Feinde kamen, so blies er sie nicht an, und wenn keine Feinde da waren, so blies er sie an.	34
24	Wie Eulenspiegel seinem Pferde güldene Hufeisen aufschlagen ließ, die der König von Dänemark bezahlen mußte.	36
25	Wie Eulenspiegel des Königs von Polen Schalksnarren mit grober Schalkheit überwand.	38
26	Wie Eulenspiegel das Herzogtum zu Lüneburg verboten ward, und wie er sein Pferd aufschnitt und sich hineinstellte.	39
27	Wie Eulenspiegel einem Bauern einen Teil seines Landes im Lüneburger Land abkaufte und dann in einem Sturzkarren saß.	41
28	Wie Eulenspiegel für den Landgrafen von Hessen malte	

	und ihm weismachte, wer unehelich wäre, der könne es nicht sehen.	42
29	Wie Eulenspiegel in Prag zu Böhmen auf der hohen Schule mit den Studenten konversierte und wohl bestand.	45
30	Wie Eulenspiegel zu Erfurt einen Esel im Psalter lesen lehrte.	47
31	Wie Eulenspiegel bei Sangerhausen in Thüringen den Frauen die Pelze wusch.	48
32	Wie Eulenspiegel mit einem Totenkopf umherzog, die Leute damit zu bestreichen.	50
33	Wie Eulenspiegel die Scharwächter zu Nürnberg wacker machte, daß sie ihm nachfolgten über einen Steg und ins Wasser fielen.	52
34	Wie Eulenspiegel zu Bamberg um Geld aß.	53
35	Wie Eulenspiegel gen Rom zog und den Papst besah, der ihn für einen Ketzer hielt.	55
36	Wie Eulenspiegel die Juden zu Frankfurt am Main um tausend Gulden betrog, indem er ihnen seinen Dreck als Prophetenbeeren verkaufte.	57
37	Wie Eulenspiegel zu Quedlinburg Hühner kaufte und der Bäuerin ihren eigenen Hahn zum Pfande ließ für das Geld.	59
38	Wie der Pfarrer von Hohenengelsheim Eulenspiegel eine Wurst wegfraß, die ihm hernach nicht wohl bekam.	60
39	Wie Eulenspiegel dem Pfarrer zu Kissenbrück ein Pferd abschwatzte mit einer falschen Beichte.	62
40	Wie Eulenspiegel sich zu einem Schmied verdingte, und wie er ihm die Bälge in den Hof trug.	65
41	Wie Eulenspiegel einem Schmied Hämmer und Zangen und andres Werkzeug zusammenschmiedete.	66
42	Wie Eulenspiegel einem Schmied, seiner Frau, dem Knecht und der Magd jeglichem eine Wahrheit sagte vor dem Hause.	69
43	Wie Eulenspiegel einem Schuhmacher diente und ihn fragte, was für Formen er zuschneiden solle, und ihm das Leder verdarb.	70
44	Wie Eulenspiegel einem Bauern die Suppe begoß und	

	übelstinkenden Fischtran als Bratschmalz drantat und meinte, es wär dem Bauern gut genug.	72
45	Wie ein Stiefelmacher zu Braunschweig Eulenspiegel die Stiefel spickte und der jenem die Fenster aus der Stube stieß.	74
46	Wie Eulenspiegel einem Schuhmacher zu Wismar Dreck, der gefroren war, für Talg verkaufte.	75
47	Wie ein Bauer Eulenspiegel auf einen Karren setzte, darin er Pflaumen gen Einbeck zu Markt führen wollte.	77
48	Wie Eulenspiegel sich zu einem Schneider verdingte und unter einer Bütte nähte.	78
49	Wie Eulenspiegel drei Schneiderknechte von einem Laden fallen ließ und den Leuten sagte, der Wind hätte sie herabgeweht.	80
50	Wie Eulenspiegel die Schneider im ganzen Sachsenlande zusammenrief, er wolle sie eine Kunst lehren, die ihnen und ihren Kindern zugute käme.	81
51	Wie Eulenspiegel Wolle schlug an einem heiligen Tag, weil der Tuchmacher ihm verboten hatte, des Montags zu feiern.	83
52	Wie Eulenspiegel sich zu einem Kürschner verdingte und ihm in die Stube schiß, damit ein Gestank den andern vertreiben sollte.	85
53	Wie Eulenspiegel bei einem Kürschner in den Pelzen schlief, trocken und naß, wie ihn der Kürschner geheißen hatte.	87
54	Wie Eulenspiegel zu Berlin einem Kürschner Wölfe für Wolfspelze machte.	88
55	Wie Eulenspiegel den Kürschnern zu Leipzig eine lebendige Katze, genäht in ein Hasenfell, in einem Sack für einen lebendigen Hasen verkaufte.	90
56	Wie Eulenspiegel zu Braunschweig auf dem Damme einem Lederhändler Leder sott mit Stühlen und Bänken.	91
57	Wie Eulenspiegel einen Weinzapfer zu Lübeck betrog, als er ihm eine Kanne Wasser für eine Kanne Wein gab.	92
58	Wie man Eulenspiegel zu Lübeck henken wollte und er mit behender Schalkheit davonkam.	94
59	Wie Eulenspiegel zu Helmstedt eine große Tasche machen ließ.	95

60	Wie Eulenspiegel einen Metzger zu Erfurt um einen Braten betrog.	97
61	Wie Eulenspiegel zu Erfurt einen Metzger abermals um einen Braten betrog.	98
62	Wie Eulenspiegel zu Dresden ein Schreinerknecht ward und nicht viel Danks verdiente.	99
63	Wie Eulenspiegel ein Brillenmacher ward und in allen Landen keine Arbeit bekommen konnte.	100
64	Wie Eulenspiegel sich zu Hildesheim bei einem Kaufmann als Koch und Stubenheizer verdingte und sich ganz schalkhaftig benahm.	102
65	Wie Eulenspiegel zu Wismar ein Pferdehändler ward und dem Pferd eines Kaufmanns den Schwanz herauszog.	105
66	Wie Eulenspiegel einem Pfeifendreher zu Lüneburg eine große Schalkheit antat.	106
67	Wie Eulenspiegel von einer alten Bäuerin verspottet wurde, als er seine Tasche verloren hatte.	109
68	Wie Eulenspiegel vor Uelzen einen alten Bauer um ein grünes Londoner Tuch betrog und ihn überredete, daß es blau wäre.	111
69	Wie Eulenspiegel zu Hannover in die Badstube schiß und meinte, es wäre ein Haus der Reinigung.	112
70	Wie Eulenspiegel zu Bremen von den Landfrauen Milch kaufte und sie zusammenschüttete.	114
71	Wie Eulenspiegel zu Bremen seinen Gästen den Braten aus dem Hintern beträufte, den niemand essen wollte.	115
72	Wie Eulenspiegel zwölf Blinden zwölf Gulden gab, so daß sie meinten, sie könnten frei zehren, zuletzt aber ganz übel dabei wegkamen.	116
73	Wie Eulenspiegel in einer Stadt im Sachsenland Steine säte und, als er darum angesprochen wurde, antwortete, er säe Schälke.	119
74	Wie Eulenspiegel zu Hamburg sich bei einem Barbier verdingte und dem Meister durch die Fenster in die Stube ging.	120
75	Wie Eulenspiegel von einer Frau zu Gaste geladen ward, der der Rotz aus der Nase hing.	122

76	Wie Eulenspiegel ein Weißmus allein ausaß, weil er einen Klumpen darein gespuckt hatte.	123
77	Wie Eulenspiegel in ein Haus schiß und den Gestank durch die Wand in eine Gesellschaft blies, die ihn nicht leiden mochte.	124
78	Wie Eulenspiegel zu Eisleben den Wirt erschreckte mit einem toten Wolf, den er zu fangen versprochen hatte.	126
79	Wie Eulenspiegel zu Köln dem Wirt auf den Tisch schiß und ihm sagte, der Wirt sollte kommen, daß er es fände.	129
80	Wie Eulenspiegel den Wirt mit dem Klange des Geldes bezahlte.	130
81	Wie Eulenspiegel von Rostock schied und dem Wirt an das Feuer schiß.	131
82	Wie Eulenspiegel einen Hund schund und das Fell der Wirtin als Bezahlung gab, weil er mit ihm aß.	133
83	Wie Eulenspiegel derselben Wirtin einredete, daß er auf dem Rad läge.	134
84	Wie Eulenspiegel eine Wirtin mit bloßem Arsch in die Asche setzte.	135
85	Wie Eulenspiegel einer Wirtin ins Bett schiß und ihr einredete, daß es ein Pfaff getan hätte.	136
86	Wie ein Holländer Eulenspiegel einen gebratenen Apfel aus der Kachel aß, darein er Fliegen getan hatte.	138
87	Wie Eulenspiegel es fertigbrachte, daß eine Frau alle ihre Häfen entzweischlug auf dem Markt zu Bremen.	139
88	Wie Eulenspiegel in Einbeck ein Brauerknecht ward und einen Hund, der Hopf hieß, für Hopfen sott.	141
89	Wie Eulenspiegel ein Roßtäuscher ward.	143
90	Wie Eulenspiegel einem Roßtäuscher ein Pferd abkaufte und nur halb bezahlte.	144
91	Wie Eulenspiegel ein Hirt ward im Herzogtum Braunschweig.	145
92	Wie Eulenspiegel ein Paar Schuhe kaufte ohne Geld.	146
93	Wie Eulenspiegel sich zu einem Bauern verdingte.	146
94	Wie Eulenspiegel gen Paris auf die hohe Schule zog.	147

95	Wie Eulenspiegel zu Berlin ein Büttel oder Stadtknecht ward.	148
96	Wie Eulenspiegel sich zu einem Dorfpfarrer verdingte und eine Metze für seine Ehefrau ausgab.	150
97	Wie Eulenspiegel zu Mariental die Mönche in der Mette zählte.	151
98	Wie Eulenspiegel zu Mölln krank ward und dem Apotheker in die Büchsen schiß, und wie er in den »Heiligen Geist« gebracht ward und seiner Mutter etwas Süßes zusprach.	152
99	Wie Eulenspiegel seine Sünden bereuen sollte und ihn dreierlei Schalkheit reute, die er nicht getan hatte.	154
100	Wie Eulenspiegel sein Testament machte, daran der Pfaff seine Hände besudelte.	155
101	Wie Eulenspiegel sein Gut in drei Teilen vergab: einen Teil seinen Freunden, einen Teil dem Rat zu Mölln, einem Teil dem Pfarrer daselbst, und starb.	157
102	Wie die Schweine Eulenspiegels Bahre umwarfen während der Vigilie, so daß er herunterpurzelte.	158
103	Wie Eulenspiegel begraben ward.	159
104	Wie Eulenspiegel ein Grabstein gesetzt wurde.	160

Erläuterungen	161
Nachwort	167

ISBN 3-359-01623-8

© 2005 Eulenspiegel · Das Neue Berlin
Verlagsgesellschaft mbH & Co. KG
Rosa-Luxemburg-Str. 39, 10178 Berlin
Umschlagentwurf unter Verwendung eines Motivs
von Werner Klemke
Druck und Bindung:
Salzland Druck GmbH, Staßfurt

Die Bücher des Eulenspiegel Verlags
erscheinen in der Eulenspiegel Verlagsgruppe.

www.eulenspiegel-verlag.de